河北省社会科学基金项目，项目批准号 HB21GL0

基于 BIM 的装配式建筑供应链管理研究

尚艳亮　著

北京工业大学出版社

图书在版编目（CIP）数据

基于BIM的装配式建筑供应链管理研究 / 尚艳亮著．
—北京：北京工业大学出版社，2021.9（2022.10重印）
ISBN 978-7-5639-8119-9

Ⅰ．①基… Ⅱ．①尚… Ⅲ．①建筑施工企业－供应链管理－研究 Ⅳ．①F407.906

中国版本图书馆CIP数据核字（2021）第203334号

基于BIM的装配式建筑供应链管理研究

JIYU BIM DE ZHUANGPEISHI JIANZHU GONGYINGLIAN GUANLI YANJIU

著　　者：尚艳亮
责任编辑：刘卫珍
封面设计：知更壹点
出版发行：北京工业大学出版社
（北京市朝阳区平乐园100号　邮编：100124）
010-67391722（传真）　bgdcbs@sina.com
经销单位：全国各地新华书店
承印单位：三河市元兴印务有限公司
开　　本：710毫米×1000毫米　1/16
印　　张：12.5
字　　数：250千字
版　　次：2021年9月第1版
印　　次：2022年10月第2次印刷
标准书号：ISBN 978-7-5639-8119-9
定　　价：68.00元

作者简介

尚艳亮，男，1980年9月出生，河北省保定市人，上海交通大学博士，河北省青少年科技创新奖获得者，现就职于石家庄铁路职业技术学院，副教授，硕士研究生导师，研究方向为：土木工程、工程管理。本人为河北省铁道学会理事、人民交通出版社地下与隧道工程专家库成员、职业教育国家学分银行专家和教育部《全断面隧道掘进机操作1＋X职业技能等级证书》项目专家委员会专家，荣获河北省科学技术成果奖三等奖、河北省建筑业科学技术奖一等奖和河北省职业教育教学成果奖二等奖各1项，国内外发表论文50余篇，其中SCI/EI检索近20篇，核心期刊10余篇。承担国家级、省部级和厅局级课题10余项，其中包括国家自然科学基金1项，河北省自然科学基金、河北省社科基金、河北省科技计划项目各1项。兼职指导10余名硕士研究生毕业，其中1人论文获得石家庄铁道大学优秀硕士论文。

前言

建筑业是我国重要的支柱产业之一，要想充分发挥我国建筑业的优势，就必须将传统的建造模式转变成新的建造模式，即装配式建造模式。装配式建筑涉及企业众多，相互关联性更强，因此我们可以将供应链管理理念应用于预制建筑，以加强所有利益相关者之间的合作、降低成本并最大限度地提高利润。然而，预制建筑供应链中有多个参与者，供应链极其复杂，任何环节出现问题都会带来非常大的风险，从而影响整个供应链系统。同时，BIM 可以交换和共享数据信息，从而提高信息传输的完整性和及时性。因此，通过将 BIM 集成到预制建筑的供应链管理中，管理者可以有效地了解预制建筑整个生命周期的风险，并提前做好预防工作，减少其对工程的危害。

本书共八章，第一章为 BIM 概述，内容包括 BIM 的主要原理、BIM 的基本应用模式、BIM 的应用与管理、BIM 经典案例分析；第二章为建筑供应链及其合作关系管理研究，内容包括建筑供应链及其协同管理、建筑供应链风险与控制、建筑供应链合作关系管理；第三章为建筑企业协同管理及其信息化研究，内容包括建筑企业项目协同管理增值分析、建筑企业内外部供应链协同管理、建筑企业协同管理的信息化设计；第四章为装配式建筑供应链管理与成本优化，内容包括装配式建筑及其组合结构、装配式建筑预制构件供应商评价体系构建、装配式建筑绿色供应链项目采购成本优化分析；第五章为装配式建筑供应链风险管理与动态反馈，内容包括装配式建筑绿色供应链风险管理、信息传播视角下装配式建筑供应链风险分析、装配式建筑供应链风险动态反馈管理；第六章为 BIM 在装配式建筑中的应用研究，内容包括装配式建筑的可持续性分析、BIM 在装配式 PC 构件中的设计与应用、BIM 技术在装配式建筑中的模块化与组合式设计；第七章为基于 BIM 的装配式建筑与信息共享，内容包括基于 BIM 的装配式建筑构件的可视化分析、基于 BIM 的装配式建筑信息共享平台构建；第八章为应用案例分析，内容包括项目背景与工程概况、承包模式与供应商选择、BIM 技术应用、具体项目落实。

全书语言通俗易懂、深入浅出，新颖别致，内容翔实、涵盖面广，结合了 BIM 和装配式建筑各自的特点，着眼于装配式建筑中的 BIM 规划与运用，从 BIM 的起源发展入手，逐一讲解建筑供应链管理与 BIM 在装配式建筑中的应用。

作者在撰写本书的过程中得到了许多专家学者的帮助和指导，在此表示诚挚的谢意。感谢河北经贸大学高级工程师杜命刚对本书提供的帮助！由于作者水平有限，书中所涉及的内容难免有不足之处，希望各位读者多提宝贵意见，以待进一步修改，使之更加完善。

目　录

第一章　概述

本章主要介绍了 BIM 的主要原理、BIM 的基本应用模式、BIM 的应用与管理和 BIM 经典案例分析四方面内容。

第一节　BIM 的主要原理

一、BIM 的概念和特征

（一）BIM 的概念

BIM 是建筑信息模型（Building Information Modeling）的英文缩写。其功能是通过将建设项目建成参数化、信息化、虚拟化实体模型呈现，形成开放式工作平台，使建筑信息能够在各参建方、各专业之间形成有效的资源共享，并通过数据整合分析，使建设项目能够得到更有效的管理。

（二）BIM 的特征

BIM 通过建立虚拟的建筑工程三维数据化和信息化模型，使工程项目能在前期策划、设计施工和后期运营维护的全生命周期中进行可视化数据管理。BIM 既可以方便工程技术人员对各类建筑信息进行有效读取和高效应对，又可以为包括设计团队和建筑、运营单位在内的各方建设主体提供协同工作的基础平台，进而可以达到提高生产效率、缩短工期和节约成本等效果。BIM 通过建立一个完整且与实际情况相符的建筑工程信息库，可以对所有可描述构件的几何信息、状态信息和专业属性，以及对非构件对象（如空间、运动行为等）的状态信息进行集成。该信息库是动态变化的，在应用过程中可不断地进行更新和丰富。目前，BIM在全球范围内已经得到业界的广泛认同和应用。BIM具有如下特征：

第一，BIM提供了可视化的途径。对于建筑行业，施工图纸只是将各个构件的信息采用不同颜色进行绘制，真正的构造形式需要技术人员自行想象，无法从三维的角度直观地获取建筑结构立体实物图形。而设计效果图只能提供图片信息，尚无法反映构件的大小、颜色和位置等信息，且构件之间互动性和反馈性的视觉效果不佳，而BIM三维可视化使上述问题得到了很好的解决。

第二，BIM提供了协调的平台。一个建筑工程从无到有需要经历较长的协调过程，仅在设计阶段，各个专业之间的信息读取和互通就存在碰撞问题。工程建设过程中还会出现大量的实际问题，施工单位、业主单位和设计单位以及监理单位通过召开协调会，找问题、做变更，最终形成补救措施。BIM的协调性服务可将工程设想、诞生和运营中遇到的问题进行预测，形成协调数据，解决不同专业之间的互相碰撞，为项目的顺利实施提供超前解决方法。

第三，BIM提供了模拟和优化的工具。BIM提供的模拟工具不仅限于建筑物模型，更多方面集中在很多无法在真实世界中实现的操作场景，例如设计阶段中的节能模拟、紧急疏散模拟、日照模拟、热能传导模拟等。施工阶段可以进行4D模拟，根据施工组织设计模拟实际施工方案，并结合5D实现成本控制。BIM的优化存在于建筑全生命周期内，主要受信息、复杂程度和时间的限制。

二、BIM模型架构

（一）BIM模型的层次

人们通常认为，BIM模型是一个单一的模型，但是在实践操作中，它经常受到各种因素的影响，不同的项目参与方必须拥有各自的模型，例如，场地模型、建筑模型、结构模型、设备模型、施工模型、竣工模型等属于项目总体模型中的子模型，这些子模型的规模与项目总体模型规模相比要小。

全部的子模型都是在同一个建筑物的基本结构（场地的位置坐标和场地范围、楼层、墙壁、地板、楼层、梁、柱等）的基础模型上生成的，而专业子模型的形成是依靠在基础模型上添加属于各自的专业构件来完成的，由此我们可以看出，专业子模型与基础模型之间属于引用与被引用的关系，各个子模型可以共享基础模型当中的所有信息。所以，BIM模型的架构一般分为四个层次，即子模型层、共享元素层、资源数据层与专业元素层。

BIM 模型的各个层次中所包含的元素如下：

①子模型层包括按照项目全生命周期中的不同阶段创建的子模型，也包括按照专业分工建立的专业子模型。

②共享元素层包括基础模型的共享构件、空间结构划分（如场地、楼层）、相关属性、相关过程（如任务过程、事件过程）、关联关系（如构件连接的关联关系、信息的关联关系）等元素，这里所表达的是项目的基本信息、各子模型的共性信息及各子模型之间的关联关系。

③资源数据层应包括描述几何、材料、价格、时间、责任人、物理、技术标准等信息所需的基本数据。

④专业元素层包含每个专业特有的构件元素及其属性信息，如结构专业的基础构件、给排水专业的管道构件等。

（二）BIM 模型的构建内容

BIM 模型的构建主要包括以下四方面的内容：

第一，BIM 软件不仅适宜采用开放类型的模型结构，还可以采用自定义类型的模型结构。

第二，BIM 软件创建模型中的数据应该保证被完整地提取和使用。

第三，为确保子模型之间信息能够共享，根据不同专业或任务要求创建的子模型应当实行统一管理。

第四，BIM 模型构建过程中，模型应当根据建设工程各项任务进展程度而逐步细化，具体的细化程度要遵循建设工程有关标准。

三、BIM 相关标准体系

BIM 的出现，使得建筑项目的信息能够在全生命周期各阶段无损传递，大大提高信息的传递效率，进而实现各工种、各参与方的协同作业。但科学的东西必须有标准，需要制定相应的 BIM 标准，建立起共同的信息集成、共享和协作标准体系，从而推动 BIM 在深度与广度方向的发展。

（一）IFC 标准体系

BIM 的正常应用依赖于各专业创立的信息数据可以便捷无损地传递，然而在早期的 BIM 应用环境中，建筑领域的数据交换一直存在各种问题。大多数时候建筑数据信息作为一座信息孤岛独立存在，在数据交换的过程中常常出现标准不一、不能无损传递等问题。产生这种情况的原因主要有以下两种：一是各 BIM 软件厂商在开发自己的 BIM 软件时，往往会产生属于自己的信息格式，基于自家软件的特性仅能在特定环境下使用，难以与外界进行数据交换。二是建筑领域各专业间的合作非常重要，建筑设计、结构、暖通等专业需要进行分工协作。但是在 IFC（行业基准分类）出现之前，各个数据信息只能是一个个信息孤岛，对同一个建筑进行不同专业分析的时候往往还需要大量重复性工作，造成了很多不便，而 IFC 的出现为各专业之间的数据互通搭建了桥梁。

在这样的背景下，1997 年 IFC 第一版即 1.0 版发布，随后 1.5.1 版第一次在专业结构软件中进行使用。自此，又进行了大量的修订和扩展，并逐渐应用于更多的 BIM 软件中。这些标准独立于 ISO 发布，而使用 IFC 没有许可费用。由于该标准的免费特性，许多软件产品选择应用 IFC 进行数据交换。目前在单个软件产品中有超过 160 种标准的实施，目前被使用和支持最广泛的版本是 IFC2 × 3，不过新发布的 IFC4 正逐渐被接受和使用。

1. EXPRESS 语言

尽管 IFC 的开发独立于 ISO 标准化主体和 STEP 程序，但它共享许多相同的基础技术，最值得注意的是 STEP 标准（ISO 10303-11-2004）第 11 部分中定义的数据建模语言 EXPRESS。EXPRESS 是一种表达产品数据的标准化数据建模语言，EXPRESS-G 是 EXPRESS 语言的图形表达形式。EXPRESS 和 EXPRESS-G 是 IFC Schema 使用的数据建模语言。只有看懂 EXPRESS 和 EXPRESS-G，才能看懂 IFC Schema。

EXPRESS 提供一系列数据类型，具有 EXPRESS-G 表示法的特定数据类型符号如下。

（1）实体数据类型

实体数据是 EXPRESS 中最重要的数据类型。在子超类型树和 / 或属性中，实体数据类型可以通过两种方式相关联。

（2）枚举的数据类型

枚举值是 RGB 枚举（红色、绿色和蓝色）的简单字符串。如果枚举声明为可扩展，则可以在其他架构中扩展枚举。

枚举值是 RGB 枚举的简单字符串，如红色、绿色和蓝色。如果枚举类型声明为可扩展，则可以在其他模式中进行扩展。

（3）定义数据类型

数据定义是其他数据类型的进一步专用化。例如，定义一个类型为 integer 的数据类型为正，值大于 0。

（4）选择数据类型

在选项中选择不同的数据类型定义，最常用的是在不同的实体类型（entity-types）之间进行选择，更罕见的是包含已定义类型的选择。如果枚举类型声明为可扩展，则可以在其他模式中进行扩展。

（5）简单数据类型

简单数据类型包括以下几种。

①字符串：这是最常用的简单数据类型。字符串可以是任意长度，并且可以包含任何字符（ISO 10646/Unicode）。

②二进制：此数据类型很少使用。它涵盖了许多位（而不是字节）。对于某些实现（如 C 语言实现、Java 实现等），大小限制为 32 位。

③逻辑：与布尔数据类型一样，逻辑的可能值为 TRUE 和 FALSE，并且还有 UNKNOWN。

④ Boolean：布尔值为 TRUE 和 FALSE。

⑤ Number：数字数据类型是整数和实数的超类型。大多数实现都使用 double 类型来表示 real_type，即使实际值是整数。

（6）聚合数据类型

可能的聚合数据类型包括 SET、BAG、LIST 和 ARRAYO。虽然 SET 和 BAG 是无序的，但是 LIST 和 ARRAY 是有序的。BAG 可能不止一次包含特定值，SET 不允许这样做。ARRAY 是唯一可能包含未设置成员的聚合。这对于 SET、LIST、BAG 是不可能的。聚合的成员可以是任何其他数据类型。

2. 数据模式结构

IFC 作为建筑领域的数据交换标准，不仅包含的信息量巨大，涵盖建筑业从建筑材质、质量到几何属性等方方面面，而且作为交换数据有读写和可视化的功能需求，因此不能与数据库类似，只包含大量信息，还应做到结构良好，以便处理复杂的逻辑和位置关系。在这种需求上，IFC 将自己的数据模式分为 4 个结构层，分别为资源层、核心层、互操作层和领域层。每个结构层都包含一组信息描述模块，并遵循规则。每个结构层只能引用同一结构层和较低层的信息资源，而不能引用较高层的资源。如果较高层的资源发生更改，则底部不受影响。

（1）资源层

资源层是IFC体系结构的最低层，可从其他层引用。这主要用于解释标准中使用的基本信息，不是特定行业本身，而是没有整体结构的分散信息，并作为基础应用于整个信息模型。此层中的类不是从IfcRoot派生的，因此没有自己的标识。与其他层中的实体不同，它们不能作为IFC模型中的独立对象存在，但必须由实例化IfcRoot的子类的对象引用。

其中，最重要的资源计划包括：

①几何资源：包含基本几何元素，如点、矢量、参数曲线、扫描曲面。

②拓扑资源：包含用于表示实体拓扑的所有类。

③几何模型资源：包含用于描述几何模型的所有类，例如IfcCsgSolid，IfcFacetedBrep，IfcSweptAreaSolid。

④材料资源：包含用于描述材料的元素。

⑤实用程序资源：提供用于描述IFC对象的所有权和版本历史的元素。除此之外，资源层还包括一系列其他信息，如成本、度量、日期时间、表示等。

（2）核心层

核心层是IFC体系结构的第二层，可从交互层和域层引用。它包含最基本的数据类型，主要提供基本的IFC对象模型结构，描述建筑工程信息的整体框架，并组织资源层信息，以反映现实世界的结构。核心层包括核心和核心扩展两个层次。核心包括基本抽象类，如IfcRoot、IfcObject、IfcActor、IfcProcess、IfcProduct、IfcProject、IfcRelationship。产品扩展（Product Extension）、过程扩展（Process Extension）和控制扩展（Control Extension）都属于核心扩展，它们也是核心层的一部分。

类Product Extension描述了建筑物的物理和空间对象及其各自的关系。它包含IfcProduct的子类，如IfcBuilding、IfcBuildingStorey、IfcSpace、IfcElement、IfcBuildingElement、IfcOpeningElement，以及关系类，如IfcRelAssociatesMaterial，IfcRelFillsElement和IfcRelVoidsElement。类Process Extension包括用于描述过程和操作的类。它还提供了一种基本方法，用于定义流程元素之间的依赖关系以将它们与资源相链接。类Control Extension定义了控件对象的基本类，例如IfcControl和IfcPerformanceHistory，以及将这些对象分配给物理和空间对象的可能性。

（3）交互层

交互层是IFC体系结构的第三层，主要为领域层提供服务。领域层模型可以实现通过此层交换信息的目标。该层主要解决了领域信息交互问题，该层次的每个系统组成元素将更加细化，包括共享空间元素（Shared Spatial Elements）、共享建筑元素（Shared Building Elements）、共享管理元素（Shared Management Elements）、共享设备元素（Shared Facilities Elements）和共享建筑服务元素（Shared Bldg Services Elements）五个类别。

（4）领域层

使用或引用核心和单个资源层定义的每个类信息模型都是独立的。其主要功能是深入各应用领域，形成专题信息，比如暖通领域（HVAC Domain）、工程管理领域（Construction Management Domain）等，可根据实际需要不断扩展。

3. 继承结构

与任何面向对象的数据模型一样，继承结构在 IFC 中起着至关重要的作用。它定义了特化和泛化关系及可以由其他类继承哪些类的哪些属性。

（1）IfcRoot 和它的直接子类

继承树的起点和根是 IfcRoot 类。除资源层中的实体外，所有实体必须直接或间接地从 IfcRoot 派生。此类提供使用全局唯一标识符（GUID）唯一标识对象的基本功能，用于描述对象的所有权和来源，并映射对其所做更改的历史记录（发起者和其他参与者的身份，其版本历史记录）等。此外，每个对象都定义名称和描述。

直接从 IfcRoot 派生的是 IfcObjectDefinition、IfcPropertyDefinition 和 IfcRelationship，它们代表继承层次结构中的下一个级别。

类 IfcObjectDefinition 是表示物理对象（例如建筑元素）、空间对象（例如开口和空间）或概念元素（例如过程、成本等）的所有类的抽象超类。它还包括建设项目中涉及的那些定义。

类 IfcObjectDefinition 的三个子类是 IfcObject（构建项目中的单个对象）、IfcTypeObject（对象类型）和 IfcContext（一般项目信息）。

类 IfcRelationship 及其子类描述了客观化的关系。这将关系的语义与对象属性分离，以便特定于关系的属性可以直接与相关对象一起保存。类 IfcPropertyDefinition 定义对象的属性，这些属性不是 IFC 数据模型的一部分。

（2）IfcObject 和它的直接子类

IfcObject 表示作为建筑项目一部分的单个对象（事物）。它是 IFC 数据模型的六个重要类的抽象超类：

① IfcProduct：物理（有形）对象或空间对象。可以为 ifcProduct 对象分配

几何形状表示，并将其定位在项目坐标系内。

② IfcProcess：在建筑项目中发生的过程（规划，建设，运营）。流程具有时间维度。

③ IfcControl：控制或限制另一个对象的对象。控制可以是法律、指南、规范、边界条件或对象必须满足的其他要求。

④ IfcResource：描述将对象用作进程的一部分。

⑤ IfcActor：参与建筑项目的相关人员。

⑥ IfcGroup：对象的任意聚合。

（3）IfcProduct 和它的直接子类

IfcProduct 是与几何或空间上下文相关的所有对象的抽象表示。用于描述虚拟建筑模型的所有类都是 IfcProduct 的子类。这些可用于描述物理对象和空间对象。可以为 IfcProduct 对象分配几何形状表示和位置。子类 IfcElement 是一系列重要基本类的超类，如 IfcWall、IfcColumn、IfcWindow 等，也包括所有构建元素的超类 IfcBuildingElement。相比之下，类 IfcSpatialStructureElement 用于描述非物理空间对象，它的各个子类包括 IfcSite、IfcBuilding、IfcBuildingStorey 和 IfcSpace。IfcProduct 的子类 IfcProxy 用作不与任何语义类型对应的表示对象的占位符，以便仍可以在 IFC 模型中定义它们，并在必要时为其指定几何表示。IfcProduct 还有用于描述嵌入在空间上下文中的对象的子类，如 IfcAnnotation、IfcGrid 和 IfcPort。

4. 空间位置关系

使用 IFC 描述建筑物的一个重要基本概念是表示不同层级上的空间对象之间的聚合关系。所有具有空间语义的类都从类 IfcSpatialStructureElement 继承属性，描述建筑工地的 IfcSite，代表建筑物的 IfcBuilding，用于表示特定层的 IfcBuildingStorey 和用于个别房间和走廊的 IfcSpace。IfcSpatialZone 引入了另一种方法，用于表示与考虑功能和因素的默认建筑结构不对应的一般空间区域。这些类的实例通过类 IfcRelAggregates 的关系对象相互关联。在层次结构的顶部是 IfcProject 对象，该对象描述了表示整个项目信息的上下文。在此上下文中重要的是在聚合的 IfcSpatialStructureElement 上使用属性 CompositionType，该属性用于定义元素是整体（PARTIAL）还是简单嵌入元素（ELEMENT）的一部分。例如，建筑物的各个部分通常建模为 IfcBuilding，其 CompositionType 属性设置为 PARTIAL。数据模型本身没有定义哪些层次结构级别可以通过聚合关系链接到哪些其他层次结构级别。但是，一些非正式规则确实适用，例如，结果图必须是非循环的，而较低级别的元素不能包含更高级别的对象。存储的信息的正确性和一致性是相应软件程序的责任。为了模拟哪些建筑元素位于哪些空间对象中，使用了关系类 IfcRelContainedInSpatialStruc-ture 的实例。在大多数情况下，建筑元素与层相关联。但是，必须注意观察一个建筑元素在任何时候都只能按照每个 IfcRelContainedInSpatialStructure 分配给一个空间对象。如果构建元素链接到多个层（例如多层 Facade 元素），它应该通过关系类 IfcReferencedInSpatialStructure 链接到所有其他实例。

（二）IDM 标准

多年来，国际互操作性联盟（IAI）已经在建筑施工项目的利益相关者之间提供可靠的 BIM 数据交换方面进行了大量投入。IFC 用于建筑行业的综合信息模型的架构，已经成为行业开放式交流的标准。IFC 庞大而复杂并且具有非常强的可拓展性，因为它包括建筑行业项目中使用的所有常见概念，从可行性分析，到设计、施工和建筑设施的运营，除此之外还包括数据模型本身的逻辑关系和拓展属性等。在各个软件中捕获的信息往往超出了实际工程需要的信息，使信息过于冗杂，降低了使用的效率。为了避免这种状况，有必要就统一和标准化的方法达成一致，以进一步指定建筑模型实例的预期内容。这些规范规定了由谁、何时以及向哪个接收者传递哪些信息。为解决这个问题，buildingSMART 组织开发了 IDM/MVD 框架。这有助于减少解释空间，并使实现特定用例和应用程序领域变得更加容易。该框架以模型视图定义（MVD）的形式区分信息传递手册（IDM）中捕获的内容相关要求和技术实现以及这些要求的映射。信息传递手册以统一、标准化的方式获取质量保证协议。

IDM 与 IFC 之间存在一些联系和区别。IFC 涵盖了工程项目的方方面面，包含的信息量非常大，但是很多都是非必要的信息，不利于信息传递处理。而 IDM 的出现将原有的复杂信息按照需求进行了分类、分块，能够有针对性地满足信息交换需求。

信息传递手册（IDM）旨在通过确定建筑施工中采取的离散过程，执行所需的信息及该活动的结果，为 BIM 所需的过程和数据提供综合参考，它将指定：

①流程适合的位置及其相关的原因；

②创建、使用和从中获益的参与者；

③创建和使用的信息；

④软件应如何支持信息。

IDM 的使用将会使 BIM 使用者和模型软件提供者共同获益：

对于 BIM 使用者而言，IDM 提供了更易懂、浅显的语言来描述建筑结构过程，明确的信息要求可以使执行过程更成功，达到预期的结果。

对于 BIM 软件开发商而言，IDM 使用户的需求更加具体化、更明确，并且根据功能进行了系统分解，使它们能够更好地响应用户需求，提供更好的服务。

（三）IDM 的组成及重要内容

1. 流程图（Process Maps）

流程图描述特定主题边界内的活动流。流程图的目的是了解整个项目过程的活动配置、涉及的参与者、所需的信息及使用和生产的信息。

2. 交换需求（Exchange Requirements）

交换需求是一组需要交换的信息，以支持项目特定阶段的特定业务需求。通常，对于目前建立的 IDM，应该在 IFC 模型中定义信息集。但是，IDM 方法也适用于其他行业标准模型中定义的信息集，例如开放地理空间联盟（OGC）定义的地理标记语言（GML）。交换需求旨在以非技术术语提供信息的描述，它的主要受众是数据信息的使用者（架构师、工程师等）。与此同时，交换需求提供了技术细节的关键，能够让软件提供者更方便地提供解决方案。

3. 功能部件（Functional Parts）

功能部件是方案提供者用于支持交换需求的信息单元或单个信息构思。功能构件根据其所基于的行业标准信息模型的所需功能来描述信息。功能部件本身完全被描述为信息模型，并且是其所基于的信息模型的子集。

4. 概念部分（Concepts）

概念部分是可以在功能构件部分或交换需求中使用的信息片段。它可以用于捕获模型中的基本功能，例如命名、标识等。概念部分不需要简单地与单个实体甚至整个实体相关。

四、BIM 与 CAD

工程图纸早期依靠纯手工的方式进行绘制，这一方式虽然消耗了大量的人力和时间，但是其精确度和质量却不能满足要求。计算机辅助设计（Computer Aided Design，CAD）技术的兴起就改善了这一局面，CAD 利用智能化的计算机软件以数位化的方式进行工程制图，减少了人力和时间成本，生产力因此大大提升，工程图纸的精确度和质量也得到了保障，修改起来也变得更加容易，甚至可以实现三维虚拟空间中仿真物体的量体外观。

虽然 CAD 技术的出现给工程制图带来了很大的便利，但是其自身也存在一定的缺陷，因为通过 CAD 绘制的工程图纸由具有几何性质的点、线、面等元素组成，没有对象识别的概念。此外，还时常发生图纸不一致的情况，这是因为 CAD 各部分图纸之间无法进行交互参照，一旦要对设计进行变更，所有与之相关的工程图纸都要重绘。更重要的是 CAD 主要的沟通模式以 2D 为主，时常会发生对象互相碰撞或冲突的问题。针对这些问题，人们开始探索新技术、新方法，BIM 技术就是在这一过程中演化发展而来的。然而，从对象的角度对建筑物或设施构件的描述可以被视为一个重大变化，因此构件及其相关信息可以在三维（3D）虚拟空间中模拟更真实的动作和应用情况。所有设计图纸的输出都来自 BIM 模型中的对象和参数化设计机制，可以不断修改 BIM 模型组件的属性参数，达到改变设计的目的，在三维虚拟空间中，可以有效地检查设计冲突，而不是对传统 CAD 图纸中的几何元件进行谨慎的修改。如果信息一致性得到改善，错误就会减少，效率和生产率也会提高。

第二节 BIM 的基本应用模式

一、BIM 背景下几何建模原理

(一) BIM 背景下的几何建模

BIM 包含建筑物规划、建造和运营所需的所有相关信息。建筑物几何形状的三维描述是最重要的方面，如果无法做到形状的三维描述，许多 BIM 应用是不可能的。3D 模型的可用性与传统绘制相比具有以下明显的优势：

①建筑物的规划和建造可以使用 3D 模型整体修改而不是在单独的部分进行改动。从 3D 模型生成设计图，可以确保单独的图始终对应并保持彼此一致。特别是在对计划进行更改时，几乎可以完全避免发生最常见的不对应的错误。但是，三维几何模型本身并不足以产生符合现行标准的信息。还需要提供进一步的语义信息，例如表示构造类型或材料，因为建筑平面图通常以符号或简化

形式表示，这些不能仅从三维几何形状生成。

②利用 3D 模型，可以进行碰撞分析，以确定模型中的部分或建筑元素是否重叠。在大多数情况下，这可以显示出计划中有可能出现的错误或疏忽。检测这种碰撞对于协调不同行业的工作尤其重要，例如在规划管道或其他技术装置的墙壁开口和穿透深度时。

③3D 模型有助于轻松取量，因为可以直接从模型元素的体积和表面积计算数量。

④三维建筑物几何形状的可用性对相关的计算和模拟方法至关重要。通常可以直接从 3D 模型生成必要的机械或物理模型，从而避免了在并行系统中费力地重新输入几何数据的需要及相关的错误风险。然而，许多模拟方法需要简化模型或模型转换才能有效运行。例如，结构分析通常使用尺寸减小的模型来计算。

⑤ 3D 模型可以做到计算建筑设计（渲染）照片般逼真的可视化，包括阴影和表面反射。这将方便与客户的沟通，并帮助建筑师评估其设计的空间质量和照明条件。对于照片般逼真的可视化，除了三维几何形状外，还需要有关材料及其表面质量的信息。

因此，建筑设计的三维几何数字表示是建筑信息建模的最基本方面。要正确理解建模工具和交换格式的功能，需要了解计算机辅助几何建模的基本原理，如本章所述。此外，本章还介绍了参数化建模，作为创建三维几何体的一种方法，可以轻松调整以适应新的边界条件。

（二）实体建模

对三维物体的几何建模有显式和隐式两种根本不同的方法。显式建模，根据其表面描述体积，因此通常也称为边界表示（BRep）。隐式建模，采用一系列构造步骤来描述体积，因此通常称为程序方法。这两种方法都用于 BIM 软件和相应的数据交换格式，两者都是 IFC 规范的一部分。下面依次描述每个部分。

1. 显式建模

（1）三维边界表示方法

三维边界表示是使用计算机描述三维物体的最常见和最普遍的方法。基本原则涉及定义边界元素的层次结构。通常，此层次结构包含元素 Body（体）、Face（面）、Edge（线）和 Vertex（点）。每个元素由来自下层的元素描述，即体由其面描述，每个面由其边描述，每个边由起点和终点描述。这种关系系统定义了建模体的拓扑结构，并且可以借助图形来描述。

然后必须使用几何尺寸来增加该拓扑信息以完全描述整体。如果几何体仅具有直边和平面，则仅需要节点的几何信息，即顶点的坐标。如果几何体允许弯曲的边缘和表面，则还需要描述其形状或曲率的几何信息。

用于描述拓扑信息的数据结构通常采用可变长度列表的形式。主体参照包围它的面，而每个面参照形成面的边界，每条边参照它的起点和终点。

（2）三角形曲面建模

边界表示的一种非常简化的变体是将主体表面描述为三角形网格。虽然不能精确描述曲面，但可以通过选择更精细的网格尺寸来近似，以达到所需的精度。三角曲面建模通常用于可视化软件，用于描述地形表面，或作为数值计算和模拟的输入。与分析描述相比，曲面描述需要更多的存储容量。

底层数据结构通常采用所谓的索引面集的形式。这里顶点的坐标存储为有序和编号（索引）列表。然后由点列表中的索引定义三角面。该方法避免了点坐标的重复（冗余）存储及由不精确而导致的可能的结果几何误差（间隙、重叠）。

索引面集是一种简单的数据结构，因此可靠且处理快速。它用于多种几何数据格式，如 VRML、X3D 等。常用的 STL 几何格式同样基于对体的三角剖分描述，但与索引面集不同，STL 几何数据格式存储每个单独三角形的显式坐标。这将导致需要更大的数据集，并且 STL 格式中缺少拓扑信息意味着导出的几何可能会包含错误，例如面的间隙或各个三角形的重叠部分。

2. 隐式建模

几何建模的隐式建模储存了搭建一个三维实体的历史。因此，它们被称为程序方法。它们代表了上述显式方法的替代方法，显式方法只存储漫长而复杂的建模过程的最终结果。

在 CAD 和 BIM 系统中，经常使用混合方法，为用户记录构造历史的各个建模步骤，同时系统对所得到的几何体的显式描述进行快照以减少计算负荷并改善显示时间。

（1）结构实体几何建模

三维几何体的程序描述的经典方法是结构实体几何（CSG）方法，这是一种使用基本体（如立方体、球体、圆柱体和圆锥体）来构造较为复杂几何体的方法，这些复杂几何体被普遍应用于各种应用程序的图形图像处理中。这种组合过程产生了一个描述三维实体生成的构造树。基本体的尺寸通常是参数化的，以便它们可以容易地适应相应的应用。

虽然可以使用 CSG 构建相对大范围的物体，但是可使用的简单物体通常是很有限的。因此，纯 CSG 方法很少使用，尽管它由 IFC 数据模型和其他系统支持以进行数据交换。

许多 3D CAD 和 BIM 系统采用布尔运算符的原理，并且可以将它们应用于任何先前建模的三维对象，从而显著扩展其功能。这为直观地建模复杂的三维物体提供了强大的手段。在 BIM 领域，减法固体的定义在开口和穿透的建模中起着重要作用。

（2）挤压和旋转方法（图 1-2-1）

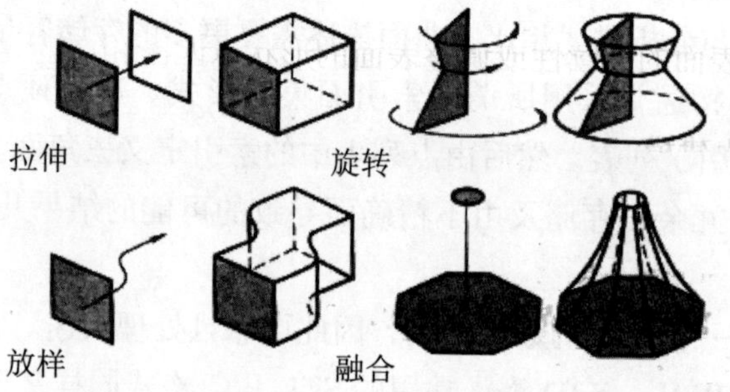

图 1-2-1　用于创建实体的挤压和旋转方法

许多 CAD 和 BIM 系统提供通过挤压或旋转生成三维几何形状的能力。利用这些方法，二维几何体（通常是闭合表面）沿着由用户定义的路径或三维曲线移动以创建三维实体。

当绘制形状的路径是直的，结果称为拉伸，当路径是弯曲的，结果称为放样。使用专用设置，用户可以定义二维轮廓是否保持与其原始平面平行，或者是否转向保持垂直于路径长度上的路径。挤压方法用于建筑结构以产生具有恒定或可变轮廓的梁。除了二维表面围绕由用户定义的轴旋转之外，旋转体积类似于拉伸。

放样、融合是上述的变形，其中限定了几个横截面并且在空间中一个接一个地定位。横截面的尺寸和形状可以彼此不同。CAD 或 BIM 系统从这些横截面中生成一个三维实体。

许多 BIM 工具提供了用于生成三维实体的挤出和旋转功能，并且包含在 IFC 数据格式中。

3. 显式和隐式建模的比较

关于数据交换，隐式建模与显式建模相比具有若干优点，最显著的是跟踪建模步骤的能力，通过编辑构造步骤可以容易地修改传输几何形状的能力及要传输的数量少得多的数据。然而，隐式模型描述的数据交换的主要条件是目标系统必须支持并能够精确地再现用于在源系统中生成模型几何形状的所有操作。这使得软件生产者的数据交换接口的实现变得相当复杂。

在隐式几何建模中编辑构造步骤的能力需要建筑元素的自动重建。虽然这很少需要用户的任何手动交互，但对于复杂的元素来说，它可能是计算密集型的。

在明确建模的几何图形的情况下，只能进行直接编辑。人们可以操纵特定的控制点以确保表面的连续性或调整表面的形状以匹配相应的要求。

（三）参数化建模

建筑行业中一个非常重要的趋势是参数化建模，它可以使用依赖关系和约束条件来定义模型。

参数可以像几何尺寸一样简单，如长方体的高度、宽度、长度、位置和方向。参数之间的关系，即所谓的依赖关系，可以用用户可定义的方程定义。例如，这可以用于确保一组中的所有墙壁都具有与组别高度相同的高度。如果设定的高度发生变化，则所有墙高都会相应变化。

参数化 CAD 系统的概念起源于机械工程领域，自 20 世纪 90 年代以来一直在使用。这类系统使用基于参数化草图的方法。用户先创建 2D 绘图（草图），其包括大致对应于最终对象的比例的所有期望的几何元素。然后，这些几何元素将以几何约束或尺寸约束的形式分配约束。例如，几何约束可以定义两条线必须在它们的端部相交，两条线彼此垂直或彼此平行。另外，尺寸约束仅定义尺寸值，例如长度、距离或角度。可以用方程来定义不同参数之间的关系。然后，该参数化草图将在下一步中用作生成最终参数化三维实体的挤出或旋转操作的基础。然后可以使用 CSG 操作将这些主体彼此组合。所谓的特征也可以添加到最终的实体中，如应用倒角或钻孔。这些特征包括一系列几何操作，每个操作可通过其自身参数控制。

参数化草图和程序几何描述的组合是一种非常强大的机制，用于定义灵活的 3D 模型和对生成的模型进行精确控制。

BIM 产品目前不支持这种形式的参数化建模。目前，只有纯 3D 建模工具（如 Solid Works，CATIA 和 Siemens NX）提供此功能，但不支持语义建模。Gehry Technologies 的数字项目是一个例外，它包含一个完全参数化的建模内核，增加了一系列与建筑相关的构造元素，详细描述了它们的语义结构。

目前，BIM 工具以有限的灵活性实现参数化建模的概念。参数定义应用于两个不同的级别：参数化建筑元素类型的创建级别及特定建筑模型中建筑元素的方向和位置级别。

要创建参数化对象类型（通常称为“族”），首先定义参考平面和 / 或轴，并在距离参数的帮助下指定它们的位置。在这里，参数之间的关系也可以在方程的帮助下定义，然后可以生成所得到的物体，其边缘或面相对于参考平面对齐。

在创建建筑模型本身时，用户无法生成新参数，只能指定已在族中或相应项目中定义的值。但是，在对齐构造元素时，可以定义以下约束：

①方向：构造元素必须相互水平或垂直或与参考平面水平或垂直。

②正交性：构造元素保持彼此垂直。

③平行性：构造元素保持彼此平行。

④连接：始终连接两个结构元素。

⑤距离：两个构造元素之间的距离保持不变。

⑥相同尺寸：用户指定的两个尺寸必须大小相同。

虽然与定义建筑物几何形状相比，参数化建模的实施更受限制，但它仍然可以提供足够高的灵活性，同时保持模型的依赖关系可管理。

支持这种参数化建模的 BIM 产品包括 Autodesk Revit，Nemetschek Allplan，Graphisoft ArchiCAD 和 Tekla Structure。

（四）自由曲线和曲面

具有笔直的边缘和表面的实体可以使用边界表示法（BRep 方法）轻松表示。然而，更复杂的建筑结构设计中的概念设计则需要对任意弯曲的边缘和表面进行建模。这些弯曲的几何形状称为自由曲线和曲面，借助参数化方法来描述自由形状的几何形状，与近似方法（例如多边形三角测量）相比，可以以绝对精度对曲线或曲面建模。自由形状的几何参数化描述所需的数据量远小于近似方法所需的数据量。

下面将详细描述曲面的原理方法，以及这些曲面的表示方式。

1. 自由曲线

自由曲线也称为样条曲线。这些曲线由一系列多项式组成。为确保整体曲线平滑，曲线段之间的连接必须满足给定的连续性条件。有 3 个不同的连续阶段，分别为：0 阶参数连续性，记为 C^0 连续性；一阶参数连续性，记为 C^1 连续性；二阶参数连续性，记为 C^2 连续性。

（1）C^0 连续性（0 阶参数连续性）代表点连续性，意味着两条曲线在它们之间没有间断地连接。

（2）C^1 连续性（一阶参数连续性）代表切线连续性，意味着两条曲线在一个点处连接，并在连接点处共享一个切线方向。

（3）C^2 连续性（二阶参数连续性）意味着曲率连续性，意味着两条曲线在一个点处连接，在连接点处共享同一个切线方向和同一个曲率。

自由曲线在数学上被描述为参数曲线。术语“参数”源于这样的事实：空间中的 3 个坐标是公共参数（通常称为 G 的函数）。这些参数跨越给定的值范围（通常为 0 ～ 1），并且 3 个函数的评估产生空间中曲线的路径。

最常见的自由曲线类型是贝塞尔（Bézier）曲线、B 样条曲线和非均匀有理 B 样条（NURBS）曲线。三种曲线类型都由一系列控制点定义：第一个和最后一个控制点位于曲线上，而中间的控制点仅由曲线近似。移动控制点会改变曲线的孤度，从而可以在计算机界面中直观地调整曲线。控制点形成一个特征多边形，其第一段和最后一段确定曲线起点和终点的切线。

在数学上，3 种曲线类型都是控制点与基函数相乘的总和。对于 3 种曲线类型中的每一种，这些基函数是不同的。因此，它们是确定不同曲线形状的基础，并描述如下：

（1）贝塞尔曲线

贝塞尔曲线的基函数由伯恩斯坦（Bernstein）多项式组成。得到的曲线的度数 p 由控制点的数量 n 确定，其中 $p=n-1$。然而，这意味着具有大量控制点的曲线会导致得到一个很高次数的多项式。此外，控制点不是相互隔离的，因此改变一个控制点的位置，对整个曲线具有全局影响。

（2）B 样条曲线

B 样条曲线被开发出来用以克服 Bezier 曲线的局限性。主要优点是可以在很大程度上独立于控制点的数量来定义曲线的程度。它只需要保持在控制点数量之下（$p<n$）。这样，可以将低次多项式（通常 $p=3$）的平滑度与更多数量的控制点组合。为了实现这一点，B 样条曲线由所选择程度的分段多项式组成，其中连接点处的连续性 $c=p-1$。其基础是递归定义的分层基函数。

（3）非均匀有理 B 样条曲线

非均匀有理 B 样条曲线，即 NURBS 曲线基于 B 样条曲线，但另外可以为每个控制点分配权重，这样可以进一步影响曲线的走向，这对于精确地表示规则的锥形截面（圆形截面、椭圆形截面、双曲线截面）是必要的。因此，非均匀有理 B 样条曲线是描述曲线的标准方法，由许多 B1M 系统和几何建模内核实现。

2. 自由曲面

自由曲面为自由曲线的描述添加了额外的维度。为此，引入第二个参数，通常以 v 表示，它同时也跨越预定义的值范围。u 的所有指定值和 v 的所有指定值的组合产生所需的自由曲面。

与曲线描述一样，还可以区分贝塞尔曲面、B 样条曲面和非均匀有理 B 样条曲面。这些曲线类型的各自优点和缺点同样适用于相应的表面。因此，非均匀有理 B 样条曲面是迄今为止最灵活的自由曲面类型，可用于精确模拟球面和圆柱曲面。

较大的表面通常由一系列单独的“补丁”组装而成，具有一组数学描述。在贴片彼此邻接的情况下，需要满足连续性条件。最常见的连续性条件是 C^2 连续，即贴片表面相遇而不改变表面的曲率。

计算机图形学是一切建模的基础，计算机辅助设计的发展推动着建筑行业的发展，其中的二维变换和三维变换是能够实现方便快捷的建筑建模的基础。

二、单业务应用模式

单业务应用模式通常是指 BIM 应用通过使用单独的 BIM 软件解决单点业务问题。单点业务问题包括复杂曲面设计、日照分析、风环境模拟、管线综合碰撞、4D 施工进度模拟、工程量计算、施工交底、三维放线、材料监控等。

三、多业务集成应用模式

多业务集成应用模式是指通过协作平台、软件接口和数据标准集成不同的模型，使用不同的软件，并配合硬件，进行单业务应用的模式。例如，将专业建筑模型用于专业结构和机电专业化的设计，将设计模型传递给算量软件进行算量计算等。

四、建筑工程项目全生命周期的应用模式

（一）BIM 技术与建筑工程项目全生命周期

建筑工程项目全生命周期一般包括规划、设计、施工、运营维护及项目拆除等阶段，建筑工程项目全生命周期的管理过程实际上就是信息管理的过程，信息管理的好坏与建筑品质往往息息相关。BIM 技术融入建筑工程项目全生命周期必将给建筑工程项目的建造模式带来巨大的变革。凭借 BIM 技术，建筑工程项目的集成化程度将大大提高，信息管理的效率也不断提升。

1. 规划阶段

（1）现状建模（概念模型构建）

在建筑工程项目规划阶段，工程项目完成立项后，通常业主（或政府部门、投资者）首先都会综合考虑多种客观因素（土地、资金、空间需求、社会环境等）来建立项目三维概念模型，从三维概念模型中可以得到建筑工程项目中的多种信息，例如，项目与周边城市空间，群体建筑各单体之间的适宜性，以及建筑的体量大小、高度和形体关系等，随后，通过日照和通风模拟的初步分析，形成最终成果。BIM 技术在这一阶段当中可以给项目团队带来极大的便利，例如，在了解客户需求并为其选择最佳方案的时候，项目团队负责人可以借助 BIM 技术对空间进行数据分析，作出关键性的决定。此外，借助 BIM 软件自身可以进行信息传递与追溯的优势，建筑设计师可以随时查看自己的初步设计是否与业主的设计需求相吻合，是否满足建筑工程项目策划阶段的设计要求，这样大大减少了在详图设计阶段发现不合格内容再进行设计修改的巨大浪费。

（2）场地分析

场地的地貌、植被以及气候条件等都是影响设计的重要因素，通过场地分析可以对景观规划、环境状况、施工配套来进行评估和分析。过去的传统场地分析存在许多缺点，主要包括遇到大量数据信息无法进行处理、定量分析不够、主观因素过重等。BIM 技术的应用则大大减少了这种情况的出现，在场地分析中，建筑设计师可以结合 BIM 技术和 GIS 地理系统建立三维场地模型，运用各种分析软件，对场地以及拟建的建筑物空间进行建模，快速获取可视化模拟分析数据，从而作出新建建筑工程理想的场地规划、交通流组织关系、建筑布局等重要决策，为评估设计方案选项提供依据。

2. 设计阶段

（1）设计方案的比选

建筑设计师通过设计方案的比选，可以得到最佳设计方案，为初步设计阶段提供相应的设计方案模型。建筑设计师通过数据对比和仿真分析，可以找出不同设计方案的优缺点。在这一阶段，建筑工程项目的投资者可以使用 BIM 技术确定建筑物的局部细节，以便快速分析设计和施工过程中面临的问题。BIM 技术可用于评估布局、视觉、照明、安全、人体工程学、声学、一致性、颜色等否符合设计系统规范。由于 BIM 技术的应用，建筑工程项目的投资者可以在三维视觉场景中进行建筑工程项目的沟通、讨论和决策过程，减少了建筑工程项目的成本和评估时间，实现了设计方案的直观高效的决策过程。

（2）设计创作

设计创作主要分为初步设计和施工图设计。BIM 技术在设计创作中可以为建筑工程项目的所有利益相关者提供更具可视化与透明度的设计，为设计质量和成本、进度管理等的完善提供很大的帮助。

①初步设计。初步设计通常指方案设计的细化阶段。该过程介于方案设计和施工图设计阶段之间。在这个阶段，建筑模型必须通过结构建模进行细化和检查。在建筑工程项目初步设计过程中，建筑设计师利用 BIM 软件生成楼层、立面、剖面、节点详图，形成初步设计阶段的建筑结构模型和二维图。在这个过程中，建筑工程项目的所有利益相关者可以围绕可视化的模型进行交流、讨论以及相关决策。由可视化建筑模型生成的程序能够快速、动态地反映建筑工程项目的主要技术经济指标，包括在建楼层数、建筑高度、总表面积、不同区域的指标、住宅单元数、房间数、停车位等。

②施工图设计。施工图可以表达建筑工程项目的设计意图和设计成果，为现场施工作业提供重要的参考依据。施工图是连接建筑工程项目设计与施工的一个非常重要的阶段。BIM 技术在建筑设计中的应用可以实现建筑专业模型的优化设计。各专业信息模型包括建筑、结构、给排水、暖通、电气等专业。

③工程性能分析。工程性能分析主要包括节能、结构、采光等方面。在工程性能分析中，BIM 软件使用构建的 BTM 模型来确定建筑物是否满足基于技术设计或专业规范（如结构、机电等）的各种专业技术要求。这些性能分析和模拟工具可以在建筑工程的整个生命周期中发挥有价值的作用，并可以显著改善设施的能耗。

④绿色建筑评估。绿色建筑最大的优点是可以节约资源，保护环境，减少

污染，为人们提供一个健康、可用、高效的使用空间。这是一种与自然和谐的建筑形式。在此阶段，BIM 技术可用于集成和管理建筑空间中的几何信息、建筑功能、建筑材料、设备和其他专业信息，为绿色建筑设计的评价、分析和计算提供必要的依据。

⑤成本估算。BIM 是一个包含大量技术信息的数据库，能够真正提供成本管理所需的定量信息。有了这些信息的帮助，计算机能够快速对各种部件进行统计分析，显著减少繁重的手动操作和可能会出现的错误，并且很容易实现数量和项目之间的完全一致性。从 BIM 获得的准确数量统计数据可用于估算初步设计过程中的成本，探索业主预算中的不同设计模式，或比较不同设计系统的施工成本，以及预制工程量的平衡和施工后工程量的最终计算。

⑥管线综合。检测三维状态下的管线冲突的主要内容是在各种专业模型的基础上，集成建筑、结构、给排水、暖通空调、电气工程等专业模型，将所有的建筑相关信息集成到一个模型中，利用 BIM 软件控制和查找建筑信息模型中的冲突和碰撞，完成建筑工程项目设计中不同管线布设与建筑、结构平面布置、同竖向标高协调的三维协同设计工作，避免空间冲突，尽量减少碰撞，避免将设计错误传递到施工阶段，同时，通过对机电管道轨道的优化，确定并分析建筑物的最终竖向设计空间，给出最佳设计高度。

3. 施工阶段

（1）施工方案模拟

BIM 可以模拟项目的重要或困难部分的施工，并每月、每天和每小时地分析和优化施工和安装，模拟和分析一些重要的建筑连接或关键部位，引入新的施工技术、现场布局和其他施工管理措施来提高施工计划的合理性。BIM 还可以与施工计划相结合来使用，提高复杂构件的建造能力。通过 BIM 模拟的施工组织，项目管理人员可以清晰地明白施工和安装连接的安装过程，并清楚地抓住安装过程中的难点和关键点。施工方案也可以进一步对原有安装方案进行优化和改善，提高施工系统的施工效率和安全性。

（2）施工进度模拟

将 BIM 与施工进度计划连接，并将空间信息和时间信息收集到可视化 4D（3D+Time）模型中，可以直观、准确地解释整个建筑施工过程。BIM 能够合理制订设计方案，准确捕捉施工进度，优化建筑材料的使用，在项目施工过程中科学地整理现场，对整个项目的施工进度、资源和质量进行独特的管理和控制，缩短施工时间，降低成本，提高质量。此外，BIM 为建筑公司提供了投标书制作方面的竞争优势，可以帮助投标人使用 4D 模型快速了解投标人项目主体施工的控制方法、设计和总体计划，以便有效评估投标单位的施工经验和实力。

（3）数字化加工制造

利用 BIM 技术提高构件的预制和加工能力，可以降低成本、提高工作效率、提高建筑质量。在此基础上，实施工厂化建设是未来绿色建筑最重要的手段。通过 BIM 模型与数字施工相结合的方法，建筑行业可以实现施工过程的自动化。建筑物内部许多构件可在不同位置进行加工，然后运输至施工现场并在建筑物内进行组装（如门窗、混凝土构件和钢结构等构件）。数字化设计可以实现部分部件的预制，这些部件由工厂拥有的精密机械技术生产，不仅减少了设计误差，而且显著提高了部件制造的生产率，从而缩短了整个建筑的施工时间，易于控制。部件模型应符合原始设计操作模型的格式，以确保在后期进行必要的转换、机械设计、分类和标签，施工操作模型可转换为预制加工设计图纸。

（4）施工现场的协同

BIM 不仅集成了建筑物的完整信息，还提供了一个三维的通信环境。与传统模式相比，BIM 模式下的工作效率大大提高。BIM 逐渐成为适合所有利益相关者现场沟通的平台，它可以展示项目生产能力，消除潜在风险，减少施工时间，降低项目协调带来的成本增加，提高现场生产效率。

（5）设备和材料的管理

BIM 模型涵盖了建筑物、构件和设备的所有细节。基于 RFID 技术的物流管理信息系统，利用 BIM 技术可以达到按施工面配料的目的，实现施工过程中设备材料的有效控制，提高工作效率，减少不必要的浪费。在实施过程中，增加了楼层信息、构件信息、报表等设备材料信息，使建立的 BIM 模型可以实现物资管理和施工中设备与进度的协调，并对大型设备和部件的物流和安装信息进行跟踪。基于项目进度，输入信息（工程变更信息、建筑进度变更信息等）和输出信息（必要的设备材料信息表、已完工程消耗的设备材料信息、下一阶段施工所需的设备材料信息等）要在在模型中实时显示。

（6）进度监控

基于 BIM 技术的进度监控通过将计划与实际进度进行比较，可以识别差异并分析原因，从而实现项目进度的重大管理和优化。在每个程序中，根据施工计划确定施工过程和逻辑关系，将程序链接到三维建筑信息模型，并将其链接生成建筑计划管理模型。将虚拟设计与施工（VDC）技术、增强现实（AR）技术、三维激光扫描（LS）技术、建筑物监控与显示（cmvc）技术与其他技术结合可以实现可视化项目的管理，更有效地跟踪和控制项目进度，调整进度偏差和更新目标计划，实现多方平衡，实现进度管理的最终目标。

（7）质量管理和安全管控

BIM 可视化功能可以准确、清晰地向施工人员展示和传达建筑设计意图，同时，4D 过程模拟可以帮助设计师、理解和了解施工工艺和过程，识别危险源，避免因理解偏差而产生的设计质量和安全问题。

（8）竣工模型交付

在施工项目模型完工期间，将完工验收信息和项目实际情况添加到施工项目模型中，以确保模型符合项目单位的数据，然后形成制造模型，以满足交付及运营基本要求。BIM 可以将建筑信息和参数有机地集成在一起，使业主能够在全球范围内获得全面的建筑信息。BIM 与建筑过程记录链接之后，甚至能够实现包括隐蔽工程资料在内的竣工信息集成，不仅可以为后续设备和物业管理带来便利，而且可以为业主和项目团队在未来的改造、改造和扩建过程中提供有效的历史信息。

4. 运维阶段

（1）操作系统的构造

操作系统的建立是 BIM 技术在运营阶段应用的基础，可以有效帮助管理人员管理建筑设施和设备，提高施工工作的管理水平，降低运营所带来的成本，提高用户的满意度。

（2）设施运行和维护

BIM 模型与运维管理系统相结合，可以充分发挥空间定位和数据记录的优势，以避免在建筑物使用过程中可能发生的紧急情况。对于某些关键设备，用户还可以追溯维护历史记录，以预先评估设备的适用状态。

（3）资产管理

BIM 中包含的大部分施工信息都可以成功导入业务管理系统中，这大大减少了系统初始化过程准备数据的时间和精力。

（4）空间管理

空间管理是业主为了节约空间成本，有效利用空间，为最终用户创造良好的工作和生活环境而对空间进行的管理。BIM 可用于有效管理建筑物结构，以满足最终用户所需的空间要求，分析现有空间的使用情况，合理分配建筑场地，确保最大限度地利用空间资源。空间管理通常包括空间规划和人流管理（人流密集的地方）等。

（二）BIM对参与方的应用效益

1. 成本管理

BIM帮助业主加强对成本的管理。BIM用于促进项目参与者之间的合作，可以减少错误的发生，缩短工期，降低成本，使交付过程更加高效可靠。业主已经意识到，使用BIM技术和相关工具可以交付质量更高、性能更好的建筑产品。

对成本的估算通常受到许多因素的影响，如随时间变化的市场条件、设计变更、质量问题等。项目参与者（尤其是业主和造价工程师）之间的时间短、记录差和沟通障碍是估算不准确的重要原因。业主经常会遇到过高或意外的成本，这将使他们"调整价值"，打破预算，或取消项目。

调查显示，约三分之二的施工客户会遇到成本超出预算的问题。为了缓解这一问题，业主和服务提供商必须估算额外配额或"预算准备金，以解决施工中的不确定性"。基于准确和可计算的特征，BIM为业主提供了更可靠的工程量汇总和估算，以及更快的设计变更成本反馈。这一点非常重要，因为对成本影响最大的阶段是概念和可行性研究的初始阶段。

2. 业主应用BIM的领域

BIM在很多领域都发挥着重要的作用，以下是业主应用BIM的领域：

第一，BIM可以用来提高建筑的性能，改善整栋建筑的性能，这里依托的是BIM可进行能耗以及照明设计分析的原理。

第二，BIM可以获取更早和更加可靠的成本预算。BIM可以提高工程团队的协作，减少建设工程相关财务风险的出现。此外，BIM可以自动提取工程量，并能够在决策前获取反馈信息。

第三，使用BIM可以加快工程进度，BIM可以实现设计协同和预制设计，从而减少工时。

第四，使用BIM，可以对业主需求和当地的规范进行持续性分析，从而确保项目符合规范标准。

第五，BIM可以将竣工的建筑和设备的相关信息输出到设施管理系统，从而实现最优的设施管理和维护，这样的设施管理系统可以在建筑工程整个生命周期使用。

现如今，为了让基于BIM的流程和技术融入相关部门和业主的流程中，通过交付更高价值的设施来减少运营项目的成本，相关部门和业主正在重写合同语言、规范和工程需求。虽然几乎所有类型的工程中，各类业主都能获得BIM应用的利益，但是值得注意的一点是这些利益与BIM相关，BIM的应用不仅仅是BIM技术本身，而是通过BIM相关的工具和流程才能实现。因此，业主应该清楚地认识到，为获得这些利益，在选择承包商和工程方案的过程中会发生很多变更。

4. BIM对业主和设计方的应用效益

前期应用BIM最大的受益者应当是设计方和业主，然而二者的受益是有差异的。一般可以分为以下三个方面：

第一，组织方面。对于设计方来说，BIM凭借可视化的功能，大大提高了业主和参与方对设计过程的参与度，从而减少了后期设计变更的概率；而业主的收益主要来自对方案设计可以全权把控与掌握这一方面。

第二，产品方面。设计方主要在设计生产环境的改善和设计效率的提高上获取利益；业主的受益则主要体现在得到了更加可靠的设计产品。

第三，过程方面。BIM由于有自动化功能和冲突检查功能，所以提高了设计方开展设计分析、设计出图、设计检查工作的效率；业主方的受益主要体现为在更短的时间内得到更高质量的设计，缩短了工程建设的进度。

通过以上三个方面可以发现，BIM应用效益对设计方来说更加的直接，BIM为设计方带来了劳动生产效率和竞争水平的提高，业主的受益则更多地体现在获得了更好的交付内容。然而，BIM在提高设计质量、改善设计环境、提高设计速度的同时也会降低设施的建设成本、提高设施的建设速度和质量，从而使业主的满意度不断提高。这样看来，业主方和设计方的受益是具有内在的一致性的。

5. BIM其他参与方的应用效益

尽管业主和设计方是BIM应用的主要受益者，但他们并非独一无二，项目的其他参与者也将从中受益。根据现有研究数据和实践经验，业主、设计方、承包商、政府和材料供应商在BIM构建之前的所有阶段都是受益者。如上所述，业主和设计方是在产品、流程和组织方面受益最多的参与者，受益程度高于其他参与者。

BIM的应用将对建筑行业的主要参与者产生积极影响：

对于参与者中的承包商来说，BIM模型在计算项目成本和实施施工计划方面可以带来巨大的好处。此外，利用BIM提高设计质量也将减少施工阶段的设计变更。

对于材料供应商，他们可以更好地利用数控设备进行虚拟生产和安装，以提高预制构件制造商生产和安装预制构件的水平。

对于设施管理方而言，优势主要体现在项目完成时获得的项目信息将远大于施工设计中包含的信息，从而可以加强设施管理。

BIM应用程序还可以提高政府审批服务的项目审批效率，因为使用BIM可以更好地理解和掌握设计意图。

五、对BIM技术能力的评估

目前在建筑行业有相对成熟的评估工具，如LEED绿色建筑评估系统。然而，各种工程项目BIM应用的总体评估方法存在争议。由于缺乏企业BIM技术应用的管理评价工具，企业对其BIM应用现状的优缺点认识不足，无法进行客观的评价和比较，他们也不能通过有针对性的管理措施来适应和改变，也不能进一步提高和发展他们的BIM应用能力。对于客户而言，由于缺乏这种评估工具，无法客观评估每个合作伙伴的能力和水平，在选择报价和协作管理过程中也没有客观、科学的参考。

科学合理的BIM适用性评估工具可以增强建筑公司BIM技术施工的适用性，并促进BIM在整个行业的可持续应用。根据管理科学的研究，良好管理实践能够实现高生产率、利润率和销售增长的原因在于管理者使用创新工具来跟踪和监督整个管理过程。

BIM应用能力评估对于衡量BIM应用在组织或项目中的效果以及做出相关决策非常有用。随着科学的发展，BIM的应用和推广非常迅速，但与相对成熟的评价方法如建筑绿色评价、建筑安全评价相比，评估和促进BIM实施效果的评估方法发展严重滞后。然而，目前一些相关的模型方法已经建立并应用于该领域，这是一些国外专家学者在许多场合进行理论和实践研究的结果。

（1）VDC（BIM）计分卡

美国斯坦福大学整合设施工程中心（CIFE）于2009年在BIM基础上提出了虚拟设计与施工（Virtual Design and Construction，VDC）的概念。VDC除了强调BIM的产品与技术导向外，更关注于组织流程等与项目目标息相关的社会学问题。因此，VDC的理念与国际上对BIM的主流认知及本书中对于BIM的界定特征是一致的。根据CIFE的定义，VDC是一种用于构建建筑工程项目中多学科性能模型的技术，包括产品、组织与流程三方面内容（CIFE 提出的 POP 模型）。

1. 模型结构

VDC 记分卡（也称为 BIM 记分卡）也是由 CIFE 于 2009 年提出的。它是一种基于证据的评估方法，可以评估和监控工程项目的实际 BIM 应用。通过对各类工程项目的标准化评价，可以客观、全面地反映 BIM 实施状况，对行业 BIM 实践进行标杆评价管理。VDC 记分卡通过四类评分指标考虑项目的 BIM 应用：规划、应用、技术和绩效。这四类评分指标包括十个评价维度，每个维度包含若干评价指标。在这种情况下，定量评估应基于可采用具体数字或计算方法的措施，而定性评估通常应更具主观性。在应用中，CIFE 团队不断改进和完善初始评估模型，将专家获得的初始模型与实际项目数据进行比较和分析，以不断校准原始模型。到目前为止，已经更新了 8 个版本。

2. 评分体系

CIFE 团队结合以往在机械工程、行业观察和相关理论研究方面的经验，为评估框架中的每个指标、每个维度和每个度量制定相应的权重百分比，并获得相应的维度核心，索引编号和总金额，并按百分比将总金额分为五个 BIM 实践级别，即传统实践（0 ～ 25%）和典型实践（25% ～ 50%）、高级实践（50% ～ 75%）、最佳实践（75% ～ 90%）和创新实践（90% ～ 100%）。

3. 置信等级

在早期阶段，CIFE 团队注意到，当使用 VDC 记分卡提前评估试点项目的 BIM 应用时，评估过程中存在许多不确定性。因此，在模型中引入了“置信等级”，通过在整个评估过程中捕获不同信息（如信息源）的安全性来评估每个项目 BIM 应用分数的安全性。计分板的完成程度和频率及 VDC 计分卡评估过程和项目结果的最终总体置信值应根据每个信任要素的分数和权重确定。

CIFE 团队在前期使用 VDC 计分卡对试点工程项目的 BIM 应用进行初步评估时发现评估过程中存在着很多不确定性，因此在该模型中引入“置信等级”，通过综合评估过程中各项信息的获取可靠性，来对各项目 BIM 应用评分的确定性进行判断，如信息来源、评估表的完成度及评估的频率等，并根据各置信要素的得分与权重得到某项目进行 VDC 计分卡评估的过程与结果的最终置信总评分。

（二）BIM 快捷扫描

BIM 快捷扫描是一种全面评估建筑公司 BIM 应用的模型和方法。它是由荷兰应用科学研究组织（TNO）于 2009 年提出的。BIM 快捷扫描是评估荷兰 BIM 基准管理的标准化工具，旨在深入分析商业 BIM 应用的优缺点。BIM 快捷扫描过程相对较快，需要在有限的时间内完成。同时，为了保证评估的质量，该方法限制了每天评估对象的数量。

1. 模型结构

BIM 快捷扫描通过四个评估类别全面评估使用 BIM 的企业的“软能力”和“硬能力”，这四个评估类别分别是组织和管理、意识和文化、信息结构和信息流、工具和应用。每个评估类别都通过若干 KPI 指标来衡量。必要时，指标应包括定性和定量测量方法，每个指标应在相应的多选问卷中描述。每个 BIM 快速评估问卷中的应用总数将限制在 50 个，这不仅可以确保每个评估类别的深度，还可以合理控制整个评估的速度。

2. 评估过程

BIM 快捷扫描是一种将直接定量评分和专家意见独特组合的评估方法。对于每个指标的问卷问题，列出了一些可能的回答，每个回答都有相应的分数。同时，为每个指标都分配了相应的权重。综合各指标得分和权重得出的总分是衡量 BIM 在企业中应用情况好坏的标准。

3. 结果输出

完成问卷调查后，被评估的企业将获得总分，具体分数代表其 BIM 应用对应的水平。为了进行基准化管理，该分数是具有一贯性的，即如果两个企业通过 BIM 快捷扫描获得相同的分数，则可以认为它们在 BIM 应用中具有相同的能力和水平。

（三）BIM 能力成熟度模型

BIM 能力成熟度模型（BIM CMM）可用于衡量建筑工程项目中 BIM 应用的成熟度水平。BIM CMM 模型在借鉴传统 CMM 模型的基础上进行了改进。BIM CMM 采用 11 个指标进行分别评级。基于 11 个指标要素，BIM CMM 将每个指标分为 10 个能力成熟度级别，其中级别 1 最不成熟，级别 10 最成熟。BIM CMM 分数可分为静态和交互式两种类型进行讨论，这两种类型都是通过对不同级别的描述进行评分来确定的。

BIM CMM 将项目中 BIM 应用的成熟度级别分为六个级别。每个成熟度水平由一定范围的分数决定。根据最新规则，只有在总分达到 40 分时才能达到最低级的 BIM 应用标准，并且只有在总分达到 50 分时才能批准 BIM 认证，而白银级 BIM 应用则在总分达到 70 分时才能得到认可，黄金级 BIM 需要在总分达到 80 分时才能得到认可，铂金级 BIM 需要在总分达到 90 分时才能得到认可。

（四）BIM 精通性矩阵

BIM 精通性矩阵由美国印第安纳大学于 2009 年提出。它主要用于衡量被评估对象在 BIM 环境中各种工作技能的专业性及 BIM 在整个行业市场的应用程度。该矩阵适用于项目级 BIM 应用的评估，并可根据 BIM 评估业主目标的满意度。BIM 精通性矩阵主要通过带有多个工作表的静态 Excel 笔记本进行管理，从 8 个指标入手进行判定，每个指标的能力又分为四个级别。根据评估要素与相应描述之间的一致性，分别给出 1 ～ 4 分。1 分是指标领域最不熟练的，4 分是最熟练的，将 8 个指标得分相加得到的总分为最终 BIM 能力得分，总分为 32 分。该方法还定义了"BIM 精通级别"五个级别的标准级别，以描述与项目相对应的 BIM 能力，即最低级别、认证级别、白银级别、黄金级别和理想级别。根据项目的最终得分划分每个级别，其中 0 ～ 12 分为最低级别，13 ～ 18 分为认证级别，19 ～ 24 分为白银级别，25 ～ 28 分为黄金级别，29 ～ 32 分为理想级别。理想级别是评估模型定义的最高水平，反映出 BIM 在项目中的应用已高度成熟。

第三节　BIM 的应用与管理

一、BIM 应用计划的内涵

BIM 应用计划是有效应用 BIM 的基础，也是指导业主应用 BIM 的规划文件。BIM 作为一种新技术，在实际施工过程中会对传统的施工工艺产生一定的影响。同时，通过制定 BIM 应用计划，利益相关者可以实现以下七个目标：

①所有成员清晰理解应用 BIM 的战略目标。

②项目的参与机构明确在 BIM 应用中的角色和责任。

③保证 BIM 应用流程与各个团队既有的业务流程匹配。

④提出成功实施每一个计划的 BIM 应用所需要的额外资源、培训和其他能力。

⑤对于未来要加入项目的参与方提供一个定义流程的基准。

⑥合约部门可以据此确定合同内容，保证参与方承担相应的责任。

⑦可以确定项目进展各个阶段的 BIM 应用里程碑计划。

基于工程项目的个性化特点，没有针对所有项目的最佳方法或计划。各项目组必须根据项目要求制订 BIM 应用计划。BIM 可应用于项目整个生命周期的所有阶段，但必须考虑 BIM 应用的范围和深度，尤其是当前 BIM 技术支持水平，这些影响 BIM 应用的因素应反映在 BIM 应用计划中。

在项目组（各专业设计）其他参与者的参与下，BIM 应用计划应不断更新和修订。详细的 BIM 应用计划可确保项目各参与方在将 BIM 纳入项目工作后清楚地了解其责任。一旦制订了 BIM 应用计划，项目团队就可以跟踪 BIM 应用的进度，使项目从 BIM 应用中获得更大的利益。

二、BIM 应用计划制订过程

BIM 应用计划制订过程主要包括以下内容：

第一，明确 BIM 需求，制定项目章程制度。在这一阶段要根据 BIM 的需求和预算，定义参与项目的利益相关者，并明确项目的总体目标、项目范围和总体项目计划信息，判断 BIM 实施的模式。为保证项目各参与方向同一目标推进，需要确定业主方总负责人、各参与方负责人、总协调人等主要人员的信息。

第二，确定 BIM 应用范围。在这一阶段需要书面界定不同 BIM 应用中涉及多个参与方的工作内容，其中工作内容主要包括基于 BIM 应用的配合工作、各参与方参与的周期、输出成果等。

第三，确定项目各参与方的职责和应用目标，制订项目 BIM 应用方案。根据项目条款和条件，制订完整的项目 BIM 申请方案，明确所有参与者的人员职责和配备情况，形成有效的项目 BIM 协调机制，这是 BIM 应用计划中特别重要的一步。

第四，各参与方制订 BIM 应用计划。各 BIM 参与方应根据自己的业务范围，与项目目标和要求相结合，制订属于自己的 BIM 应用计划，详细说明服务内容。

第五，BIM 的应用与管理。各参与方根据各自制订的 BIM 应用计划开展工作，在业主的指导和协调下，完成工作的分解与协同，同时定期向业主报告工作结果，并根据项目进度和业主意见及时调整应用计划。

第六，应用成果 BIM 性能交付和验证。根据建筑工程项目全生命周期不同阶段的 BIM 要求，根据各方的服务范围和验收标准，组织专家对各个阶段的 BIM 应用场景所产生的成果进行验收，双方签署意见。

BIM 应用遵守 PDCA 循环。P（plan），在每个阶段开始之前，所有参与方应提交一份工作计划，只有在业主验证和批准后才能进行。工作计划由时间、资源和结果三部分组成。计划的完成取决于工作成果的呈现。D（do），各方根据批准的计划组织工作，并定期向业主报告工作进度。C（check），业主定期审查计划的实施情况，分析 BIM 应用中遇到的问题，同时制作问题清单。A（action），处理汇总检查结果，并在下一轮 BIM 应用中避免出现类似问题。

此外，典型建筑工程项目的 BIM 应用实施步骤可参考图 1-3-1。需要注意的是，典型建筑工程项目的 BIM 应用实施步骤具有普遍性特征，同时可根据项目现状进一步深化和细化相关 BIM 参与方。

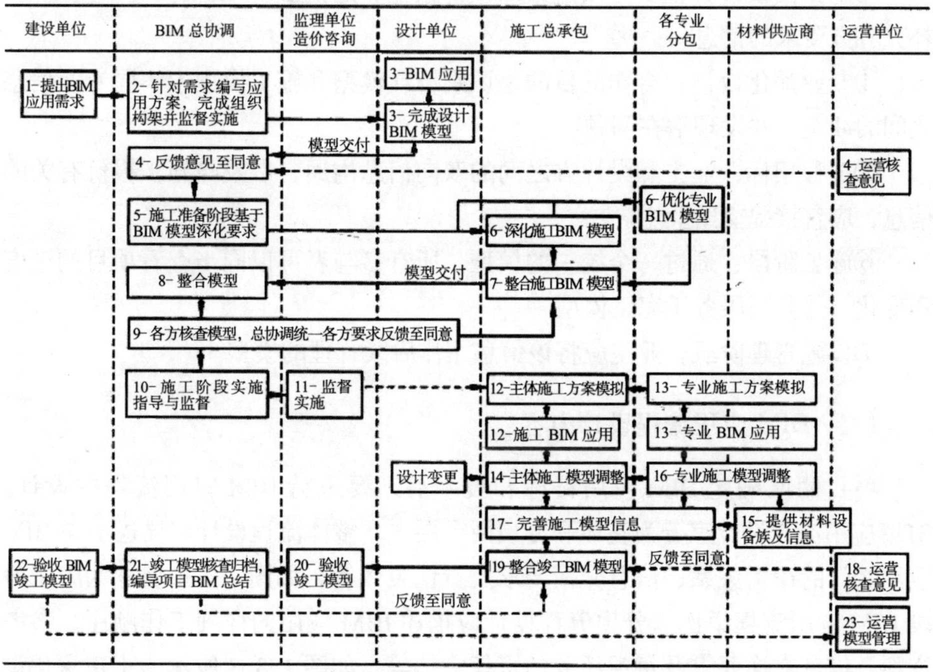

图 1-3-1　典型建筑工程项目的 BIM 应用实施步骤

三、BIM应用流程设计及内容

（一）BIM应用流程设计

不同的工程项目设计对BIM模型的交付有不同的要求，如DBB、DB、EPC、IPD模式等。其中，DBB模式是世界上最早、最频繁、最全面的项目管理模式。

在上述各种建造模式中，BIM应用有一个共同的目的：防止由于业主信息的停滞而中断整个项目的信息流，通过BIM应用以及相对应的合理BIM流程设计，解决设计方、施工总承包方、深化设计分包商、专业施工分包商等参建单位的信息沟通问题。

具体包括：

①设计理念：设计方理解业主的意图和要求、功能、成本和时间方面的需求之后再建立基本概念模型。

②初步设计：深化初步设计深度，协调解决各专业矛盾，与业主合理确定总投资及技术经济指标。

③施工图设计：主要是改进最终设计模型，通过BIM模型快速审查规范，补充各方要求的信息。

④专业深化设计：合作的目的是识别设计模型和施工模型中不同专业信息之间的冲突，并发现潜在问题。

⑤工程招标：业主和设计方之间的双向信息沟通，以及与施工报价有关的信息，应直接提交给业主。

⑥施工阶段：通过一个统一的模型，所有参与者可以同步查看项目的进度和变化，并共同服务于完工模型。

⑦设施管理阶段，业主应将该信息用作后续管理的模型。

（二）BIM应用流程设计内容

项目团队确定BIM应用目标和技术后，要进行BIM应用流程的设计。BIM应用流程设计宜分为整体和分项两个层次。整体流程设计应描述不同BIM应用之间的逻辑关系、信息交换要求及责任主体等，如图1-3-2所示为施工阶段BIM应用流程举例。分项流程设计应描述BIM应用的详细工作顺序、参考资料、信息交换要求及每项任务的责任主体等，如图1-3-3所示为土建深化设计阶段BIM应用流程举例。

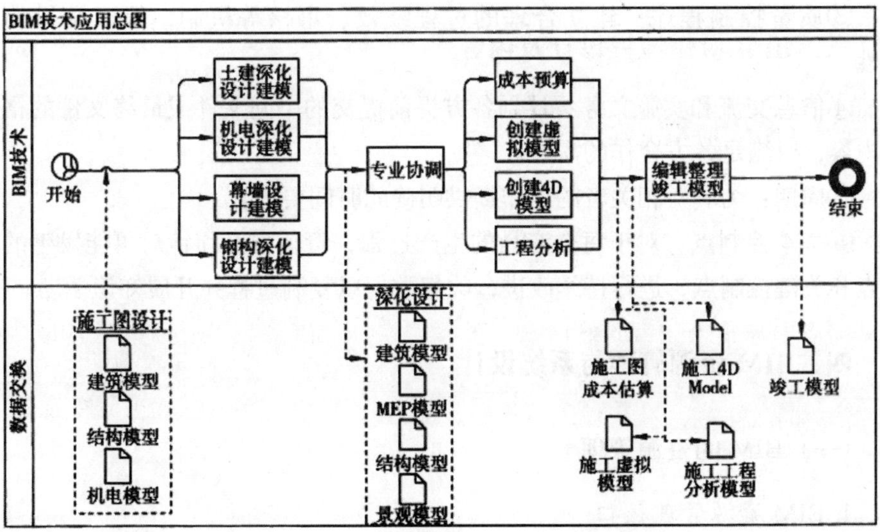

图 1-3-2　施工阶段 BIM 应用流程举例

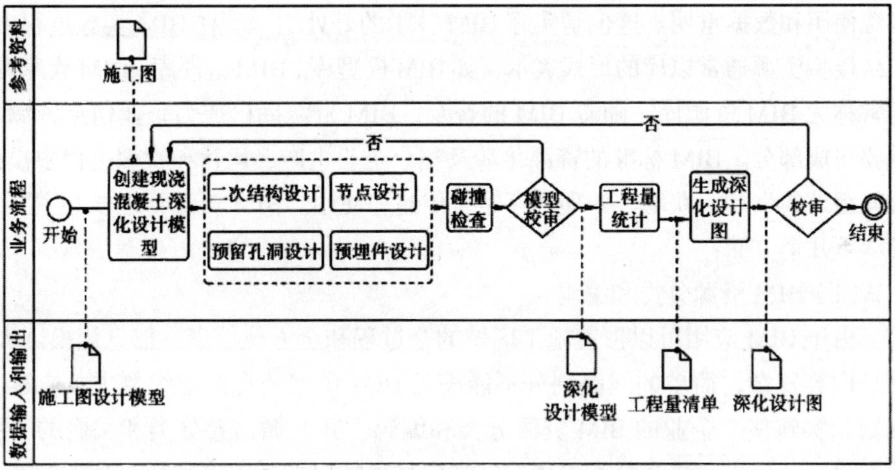

图 1-3-3　土建深化设计阶段 BIM 应用流程举例

BIM 技术流程图的设计应考虑以下管理要素：

①初始数据来源：保证原始数据具有一定的真实性和一致性，明确初始数据的来源、责任方和顺序。

②相关工作组的责任：BIM 的实施与现场管理紧密结合，以明确 BIM 应用中利益相关者的责任和义务。

③质量控制程序：建立合理的过程绩效、审核等机制，保证结果的有效性。

④信息交流和实施义务：计划各方提前提交的中间文件或最终文件的格式和内容，以满足各方合作的需要。

⑤周期：为利益相关者的工作提供明确的时间要求。

⑥基本控制点：对于每个产品的生产过程，责任方必须针对可能发生的问题点和关键控制点，进行持续改进，收集数据以复制过程并开展知识活动。

四、BIM 资源管理与系统设计

（一）BIM 的资源管理

1. BIM 资源管理核心

BIM 资源一般指公司在实施 BIM 过程中开发、收集的可重复使用的 BIM 模型和构件。有效开发和使用 BIM 资源将显著降低实施 BIM 的成本，并促进资源使用和数据重用。这也是实施 BIM 技术的好处之一。在 BIM 实施过程中，BIM 模型资源通常以库的形式表示，如 BIM 模型库、BIM 组件库、BIM 族库等，通常称为 BIM 资源库。随着 BIM 的普及，BIM 资源库已成为企业信息资源的重要组成部分。BIM 标准的资源化涉及整个企业生产、运营和管理过程中模型及其组件的生产、获取、处理、存储、传输和使用。BIM 资源管理核心主要包括以下几个方面：

（1）BIM 资源分类和编码

由于 BIM 应用可以覆盖施工区域的全过程和全方位信息，信息规模巨大，信息内容复杂，简单的线路划分不能满足 BIM 模型信息的组织要求。应逐步规划和实施整个企业的 BIM 资源分类和编码，并遵循信息分类和编码的一些基本原则。分类方法和分类要素的定义应尽可能以相关国家和行业分类标准为基础。

（2）BIM 资源控制

为了确保 BIM 资源的完整性和准确性，应引入适当的控制方法：①规范 BIM 资源的检查标准。主要检查 BIM 模型和 BIM 构件是否满足交付和精度要求，BIM 模型的内容是否完整，基本几何尺寸和信息是否正确。②规范 BIM 资源的存储和更新。仔细检查每个 BIM 模型和 BIM 构件的存储操作。工程师不能将 BIM 模型和 BIM 构件直接导入 BIM 存储库。一般来说，应在专业背景下检查和审查待入库的模型和构件，并将其提交给 BIM 存储库管理团队进行审查。BIM 存储库管理团队随后关闭仓库。待更新的 BIM 模型和构件也需接受类似审查，或由 BIM 存储库管理团队提交并更新请求。③建立 BIM 资源分配激励体系。在 BIM 资源数据库的应用过程中，特别是在资源数据库建设的早期阶段，企业应考虑建立具体的激励制度，如促进提供新的 BIM 模型和构件，促进完美归档等。这可以提高工程师的积极性，实现企业 BIM 资源库的持续改进。

2. BIM 资源的存储

确定 BIM 资源数据的存储机制。公司和大型项目通常使用 BIM 数据管理平台集中存储 BIM 资源，并通过该平台为所有项目参与者提供对 BIM 数据的唯一访问。通过在系统中定义不同的应用角色，并集成登录用户、各种许可和功能角色，公司员工、分包商、业主和供应商可以通过包括 BIM 模型在内的协同数据管理门户集成管理流程、各种资源和相应的数据，以及图形、图像和文件。BIM 资源的存储应考虑以下内容：

①安全管理：规划角色和权限，使其只能以指定权限处理指定范围内的 BIM 资源文件，确保所有文件类型不被非法传输和修改。如果采用信息管理平台，则电子数据的引入和修改只有在通过预定的审批流程后才能生效。此外，系统还提供定期数据备份。

②控制数据线的唯一性：为了确保数据的安全性、正确性和一致性，用户在访问共享数据时需要一种身份验证机制，以确保只有一个用户可以修改 BIM 资源。通过这种方式，系统提供了一种安全的管理工具来控制内部管理环境和外部应用程序之间的数据传输。

3. BIM 资源的文件管理

在建筑工程项目的整个生命周期中，BIM 资源的信息是不同的。大多数信息以模型、文件或图形文件的形式存在。如果按现有状态拆分文件，可分为 BIM 基础模型文件、BIM 应用模型文件、文本文件、图形图像文件、表格文件和视频多媒体文件。

① BIM 基础模型文件，主要包括 BIM 建模工具生成的工程模型文件和建筑构件文件及由软件（如 Autodesk Revit）生成的模型文件。

② BIM 应用模型文件，主要包括碰撞控制模型文件、4D 模型文件、性能分析模型文件等。

③文本文件主要包括设计说明、BIM 实施计划等。

④图形文件主要包括二维和三维设计文件、按模型导出的显示文件等。

⑤图像文件主要包括扫描的网络数据文件、照片等。

⑥表格文件主要包括验收审批表、设计变更单等。

⑦多媒体文件主要包括渲染动画文件等。

BIM 文件的管理通常集中在以下三个方面：

（1）文件的导航

通常，文件的导航是通过对目录进行分类来实现的。不同角色的用户有不同的文件导航要求。例如，设计单位通常用于根据建筑、结构、水、热和电，通过专业设计对文件进行分类和导航；建设单位常用于对工程部位进行文件的分类和导航。多方参与的 BIM 信息平台通常在文件的每个对象上标记多个属性标记。这些属性用作指向文档的指针。我们也称之为元数据，即管理文档对象中的数据。不同角色的人员可以根据年度、角色、项目属性自定义文件目录“视图”。同一文档可以出现在满足属性筛选条件的所有目录视图中。这种方法非常有利于有效控制文件版本，从而减少不必要的 BIM 资源存储空间的占用开支。

（2）文件的版本

在 BIM 实施过程中，模型文件将根据图纸的变更、应用对象模型变更等因素不断迭代。监控模型持续开发过程中生成的过程文档是非常必要的。版本不仅包含当时的所有 BIM 模型信息，还反映了 BIM 模型版本与其关联对象之间的关系。例如，结构 BIM 模型版本和机电 BIM 模型版本及设计图纸变更文件版本之间的相关性。一个模型的多个版本必须相关，并且该版本必须具有标识号。模型文件名通常由模型的名称和版本号表示。不需要修改的版本需要归档，这称为归档版本。BIM 的主要成果和事件应分类归档。

（3）文件的命名

通常，BIM 应用程序涉及许多参与者，在拆分大型设计模型后，会有许多不同类型的模型。因此，清楚标准的文件命名有助于参与者提高理解文件名标识的效率和准确性。对于不同类型的模型和构件，信息应覆盖尽可能多的间隔，以便工程师可以从不同角度恢复对象。例如，对于门构件，可以定义类别、名称、规格、代码、材质、等级、高度、宽度等。

一般规则：文件的指定必须基于对文件内容的简明和清晰描述的原则；命名方式必须有一定的规律性；可使用中文、英文、数字等计算机操作系统允许的字符；不要使用空格；这些单词可以用大小写字母、中划线“-”或下划线“_”分隔。

4. BIM 资源的信息交换

BIM 应用程序设计完成后，应详细定义项目参与者之间的信息交流。BIM 应用程序允许团队成员（尤其是信息创建者和接收者）了解信息交换的内容。信息交流的内容和精细度应在项目初期统一定义。在建筑工程项目的整个生命周期内，下游 BIM 需求受到上游 BIM 应用产生的信息的影响。如果下游所需的信息不是上游创建的，应在此阶段完成整合的工作。因此，项目团队应区分责任，但不必在每个信息交换过程中包含所有项目要素。必要时，应定义支持 BIM 应用所需的模型信息。可以为每个项目定义通用信息交换定义表，也可以根据责任方或 BIM 子标题的要求将其划分为不同的部分，但应确保不同信息交换要求的完整性和准确性。

（1）BIM 信息交换程序

BIM 的交付应与各参与方和责任方的数据交换内容密切相关。信息交换要求的定义参见以下流程：

①确定是否需要交换信息。确定交换信息的任何需要，特别是不同专业团队之间的信息交换。信息交换的时间应在总流程表中注明，信息交换节点应按时间顺序组织，以确保项目参与者知道 BIM 应用结果的交付时间。

②确定项目模型元素的分解结构。确定信息交换后，相关项目团队应根据信息选择模型的基本元素来分解结构。建筑信息模型的分类编码可参见国家标准（GB/T51269—2017），或选择其他分解结构。

③确定每次信息交换的输入和输出要求。信息接收方应规定信息交流的范围和细节，从输入和输出的角度来解释信息交换的要求。如果信息交换的输入或输出环节不是由一个团队来完成的，并且完成信息交换的基本要求是存在差异的，信息交换的要求应单独列在信息交换定义表中。如果信息接收者未知，项目团队必须集思广益，以确定信息交换的范围。

与此同时，必须确定模型文件的格式。专家工程师和技术人员（或外聘技术专家）应指定应用软件及其版本，以确保支持信息交换的互操作性。如果模型分解结构中未反映模型所需的内容，或者如果软件有特殊的操作点，则必须在注释中解释。

④确定负责每次信息交流的人员。对于交换的每一行信息，应指定负责创建信息的人员。负责创建信息的人员应该是能够高效准确地创建信息的人员。此外，模型输入时间应由模型接收器确认，并反映在流程总图中。

⑤比较和分析输入和输出内容。确定信息交换要求后，应逐项检查信息的不一致性（输出信息与输入要求不一致）问题。

（2）BIM 交付物的内容和深度。

1）BIM 交付物的内容

BIM 纸质设计图纸。与传统设计图纸不同的是，每个设计阶段创建的 BIM 设计模型和相应的纸质图纸（各种平面、立面、剖面、节点详图等），它包含大量全局和局部三维图纸、透明 3D 可视化图纸等，可帮助业主、施工方、监理方和其他相关方准确理解项目内容。这些设计与模型一样，是 BIM 产品的重要组成部分。电子 CAD 和 PDF 蓝图，BIM 设计模型的 CAD 输出可用于业主投标、项目审批、存储和其他目的，如 DWG、PDF 和其他图纸。因此，它是交付物的内容之一。

对于大型、复杂的特殊项目，甲方必须从设计、施工和运行维护的整体考虑，提前制定该类项目的 BIM 规范性文件——BIM 实施标准。BIM 实施标准主要包括项目 BIM 资源的管理、BIM 设计行为、设计交付标准和特定工程技术的 BIM 技术标准。BIM 实施标准应用于限制和标准化所有利益相关者应用 BIM，并确保工程项目的良好绩效。它也是大型复杂项目应用 BIM 的必要交付内容。

项目 BIM 模型。项目 BIM 模型包括各种 BIM 模型，按施工阶段分为设计模型和施工模型，按应用角度分为基本模型和 BIM 应用模型，施工、结构、机电、幕墙、钢结构模型等则是根据专业角度进行区分的。

另外，双方约定的其他交付物，如 BIM 成果展示册、项目报告、项目总结等文件属于其他 BIM 交付物。尽管这些辅助内容并非 BIM 产品所独有，但它们通常被列为 BIM 产品组合之一。此外，各种统计表、设备清单和数量统计等大量数据文件对于项目计算、成本控制、设备供应、采购以及各种数据分析都非常重要。它们是交付物中最重要的信息资产，也是扩大 BIM 应用价值的条件之一。

为确保 BIM 应用过程中交付物的有序供应，交付要求的具体内容应在相关项目实施文件中逐一明确规定，如招标文件、合同条件、项目实施细则等规范性文件。可专门制定符合交付要求的规范性文件。在任何形式下，交付要求都必须具体且易于应用。

2）BIM 交付物的深度

在 BIM 的实际应用中，设计师的主要任务是根据项目的不同阶段和项目的具体目的确定 LOD 级别，并根据不同级别总结的模型精度要求确定建模精度。可以说 LOD 已经做到：BIM 问题有证据可循。当然，在实际应用中，建模应满足应用要求。建模不足（确定的深度级别过低）或建模过度（确定的深度级别过高）都是不可取的。

（二）BIM 的软硬件系统设计

1. 软件方案设计

在项目的初始阶段，所有参与者必须选择适当版本的软件，以满足 BIM 应用要求和数据交换格式。例如，在集成多个大型项目模型时，往往存在无法导入专业文件、集成位置偏移、导入内容缺乏等问题，使得集成文件无法满足 BIM 应用的需要。BIM 软件选择是公司 BIM 应用的主要环节。必须使用适当的方法和程序来选择满足公司所需的软件。在工作阶段的主要内容如下：

第一，初步研究和筛选。全面检查现有 BIM 软件及其在国内外市场的应用状况，根据公司需要和公司规模选择可使用的 BIM 软件工具集。筛选条件包括 BIM 软件的本地化程度、市场份额、数据互换性、二次开发和扩展能力及 BIM 软件的性价比和技术支持能力。

第二，对软件的分析与评估。在这个阶段中要考虑的主要因素包括是否符合公司的战略发展计划，是否能为公司带来利益，软件开发和实施的成本和投资回报，工程师接受的意愿和学习的难度等。

第三，测试和试点应用。在此过程中，一些工程师被调去测试选定的 BIM 软件。测试内容应包括：软件与现有资源的兼容性；软件系统的稳定性和成熟度；软件是否易于理解、学习和使用；当地技术服务的质量和能力；支持二次开发的可伸缩性。如果条件允许，建议在试点项目中进行完整的试验，使试验更加完整和可靠。

2. 硬件方案设计

BIM 硬件基础设施包括计算机、网络和存储资源。项目团队可以根据每个成员的工作内容配备不同的硬件，形成层级式配置。例如，单个学科的建模可以考虑较低的配置，而专业模型集成和大量数据模拟分析需要较高的配置。如果选择了协作网络操作，则还需配备中央内存服务器。在一些大型或复杂的工程中，当 BIM 数据按数量级增加时，计算机响应速度将按数量级降低，这引起了许多 BIM 用户的怀疑。因此，除了在下一阶段进行有用的硬件规划外，在下一阶段的合理使用也是非常重要的。BIM 基于三维工作节奏，对硬件计算和图形处理有较高要求。与传统 CAD 软件相比，BIM 软件在计算机配置中必须加强 CPU、内存和显卡及硬盘的配置。

CPU：CPU 是中央处理器和计算机核心。建议使用具有两个或三个缓存级别的 CPU，使用 64 位 CPU 和 64 位操作系统可提高执行速度。多核系统可以同时运行多个程序并提高 CPU 效率。虽然软件本身不支持多线程，但使用多核可以在一定程度上优化其性能。

内存：内存是计算机其他硬件设备与 CPU 的通信桥梁，计算机的运行速度与内存是密不可分的。更大、更复杂的项目占用更多内存。通常，所需的内存大小应至少为项目内存的 20 倍。多数 BIM 项目占用内存相对较大，通常建议使用 4G 或 5G 内存。

显卡：显卡对于模型表示和模型处理非常重要。显卡的末端越高，3D 效果越逼真，图像切换越平滑。应避免使用集成显卡。集成显卡需要占用系统内存才能运行，而独立显卡有自己的图形内存，具有更好的显示效果和性能。整体视频存储容量不得小于 512M。普通版本建模软件对显卡的要求不高。Revit 集成了渲染引擎，由于渲染引擎由 NVIDIA 获得，因此我们可以得出结论，Revit 软件应该可以更好地支持 NVIDIA 显卡。

硬盘：硬盘的旋转速度也会影响系统。一般来说，速度越快越好，但它对软件性能的影响不如前三个硬件明显。

BIM 硬件采用个人计算机和集中服务器存储的 IT 基础设施。该体系结构技术先进，应用广泛。它是应用 BIM 的主流 IT 基础设施。它也是大多数设计公司同时采用的最实用的基本硬件环境。与传统的 CAD 设计相比，BIM 设计对个人计算机终端和网络环境有更高的硬件要求。

第四节　BIM 经典案例分析

一、崇文花园三期项目

（一）项目背景

该项目位于深圳市南山区，总用地面积 21607 m^2，总建筑面积 229896 m^2，地下 2 层，裙房 3 层，地面以上共 3 栋塔楼。第 1、2 栋为高层办公楼，均为 24 层，建筑高度 99.85 m；第 3 栋为超高层办公楼，为 35 层，建筑高度 148.45 m。

斯维尔 BIM 及绿色建筑咨询中心在该项目中负责 BIM 咨询顾问总协调工作。

（二）BIM 应用点

崇文花园三期项目的 BIM 应用点如图 1-4-1 所示。

1 模型创建	2 设计纠错	3 净空优化	4 管线综合	5 机房预制
6 预留预埋	7 深化出图	8 仿真漫游	9 高支模模拟	10 铝模板模拟
11 爬架模拟	12 成品支吊架	13 管理平台应用	14 施工策划	15 进度管理
16 成本管理	17 质量管理	18 安全管理	19 在线工地监控	20 VR仿真

图 1-4-1 崇文花园三期项目的 BIM 应用点

（三）BIM 实施

1. 模型创建

根据项目实施指南，建立了建筑、结构、机电、幕墙、装饰等专业 BIM 模型。此模型是后续 BIM 应用程序的基础。

2. 设计纠错

在创建基础模型的时候很容易发现设计图纸存在描述不清、表述错误等图纸问题，整理成图纸问题报告，并提交设计院审查，如图 1-4-2 和图 1-4-3 所示。

240个

图纸问题

区域/专业	建筑	结构	暖通	给排水	电气	共计
地下室	37		10	10	6	63
裙楼	17		6	6	4	33
塔楼1	9	7	13	3	5	37
塔楼2	16	27	10	5	4	62
塔楼3	20		12	8	5	45

63078处

碰撞问题

区域	碰撞点数量	备注
地下室	9629	
裙楼	4993	
塔楼1	18429	
塔楼2	8832	
塔楼3	21195	

图 1-4-2 问题整理

项目名称	深圳崇文花园三期项目						
记录人	艾鹏	记录日期	2016.06.02	问题类型	综合问题	状态	
图号、图名、版本	HZ1001-04-DS2-62-63(地下室动力平面图)			收图日期		专业	机电
问题描述	地下室电气柜碰撞消防泵，电气建筑底图和空调水建筑底图对不上			标高	地下一层	问题编号	2
				轴号	10-11与G-H轴线		

设计师意见：

图 1-4-3　深圳崇文花园三期项目问题报告

3. 净空优化

利用管综模型，对不同专业的管线进行重新布置，消除碰撞，优化排布形式，提升建筑净空，如图 1-4-4 所示。

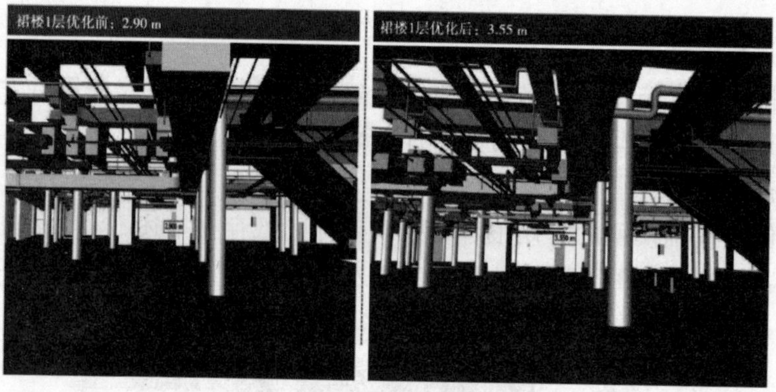

图 1-4-4　裙楼 1 层净空优化前后对比

4. 管线综合

将不同领域的复杂管道（空气管道、消防管道、供水管道和排水管道等）与建筑结构的 BIM 模型集成，以发现设计中不同领域的专业冲突问题，调整并消除其中的碰撞，合理排布各管线路由，提升设计质量，如图 1-4-5 所示。

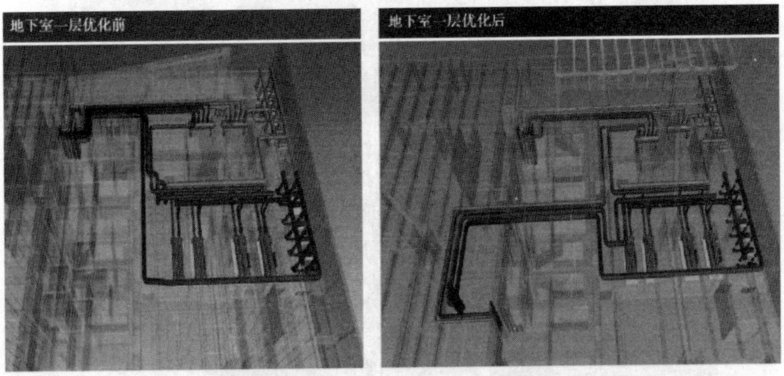

图 1-4-5 地下室一层管线综合优化前后对比

5. 机房预制

机电装配化施工主要是在工作面尚未形成时，通过精准建模，提前制作管段，待施工面完成后，将预制管段运至施工现场，进行现场装配施工以缩短现场施工时间，如图 1-4-6 和图 1-4-7 所示。机电工厂化预制施工各个环节需严格控制，任何一个环节出现差错都有可能导致大量返工。

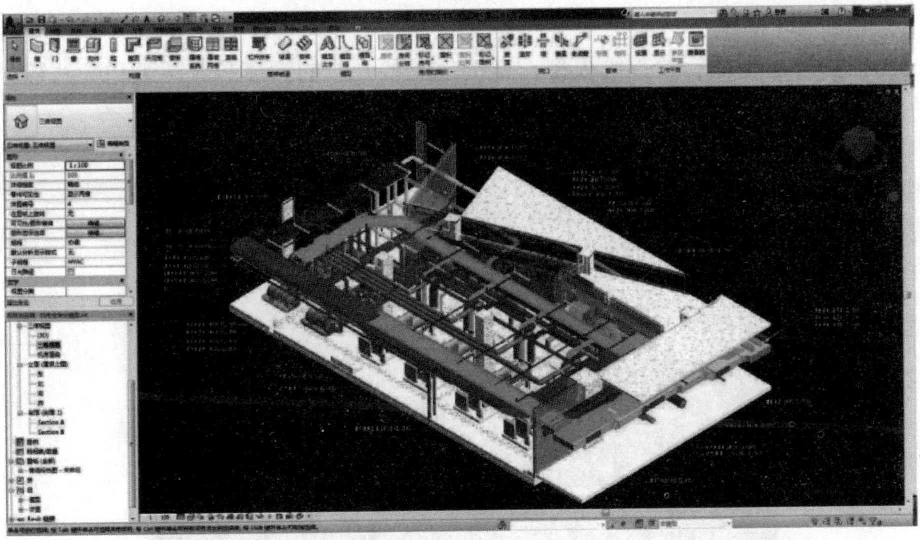

图 1-4-6 机电装配化精准建模

图 1-4-7　管道精准建模

6. 预留预埋

使用深度优化模型生成通过墙壁和板的管道精确定位信息的二维地图。预埋孔的保留是为了防止结构施工完成后因挖掘而损坏结构，消除挖掘过程，提高施工效率和工程质量。

7. 深化出图

根据管综优化后的三维模型，直接生成各专业的管道布置图纸和管线综合布置图，用于指导现场施工，如图 1-4-8 所示。

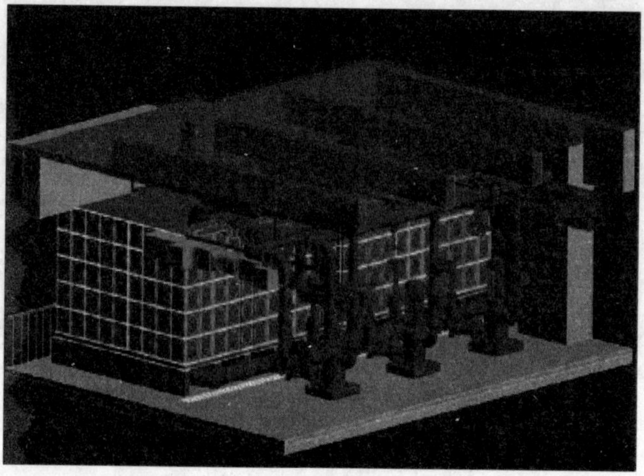

图 1-4-8　管线综合布置图

8. 仿真漫游

在 BIM 仿真漫游应用中，人们能够在一个虚拟的三维环境中，用动态交互的方式对未来的建筑进行身临其境的全方位审视（图 1-4-9）：可以从任意角度、距离和不同的精细程度观察场景；可以选择并自由切换多种运动模式，如行走、驾驶、飞翔等，并可以自由控制浏览的路线；而且在漫游过程中，还可以实现多种设计方案、多种环境效果的实时切换，并可以进行比较。

图 1-4-9　BIM 漫游应用效果

9. 高支模模拟

高支模施工是工程施工中的重难点，可以通过预先建立好的高支模模型辅助施工单位进行施工组织设计，如图 1-4-10 所示。

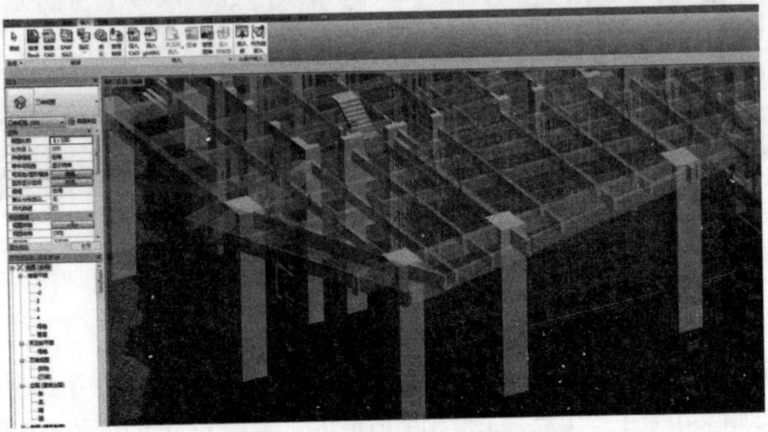

图 1-4-10　高支模模型三维效果图

10. 铝模板模拟

通过建立精细化的铝模板模型辅助铝模板预拼装及施工（图 1-4-11），解决了预留预埋、精准定位的问题。

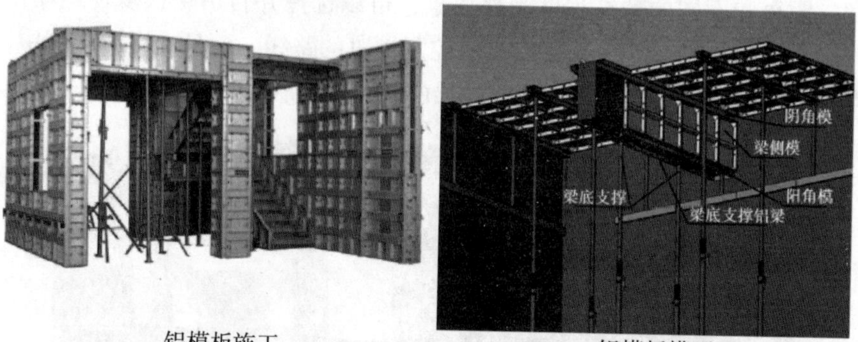

铝模板施工　　铝模板模型

图 1-4-11　铝模板模型三维效果图

11. 爬架模拟

通过预先建立好的爬架模型，可以辅助施工单位进行施工组织设计，指导现场的爬架安装，如图 1-4-12 所示。

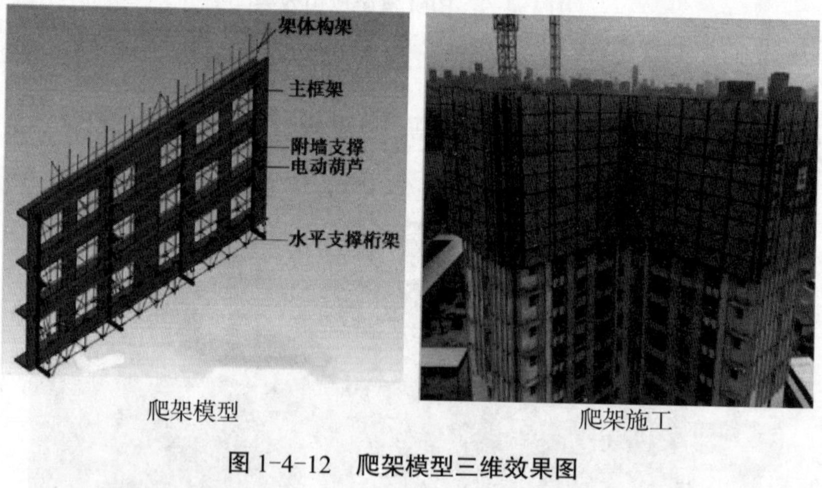

爬架模型　　爬架施工

图 1-4-12　爬架模型三维效果图

12. 成品支吊架模型

通过合理的管线综合优化后，在模型中创建合适的成品支吊架模型，并将模型发送给支吊架生产工厂，生产完毕后运送到施工现场进行安装，如图 1-4-13 所示。

BIM 模型建立及深化

支架设计分析计算

支架工厂加工生产

支架现场组合安装

图 1-4-13　成品支吊架预制安装施工流程

13. 管理平台应用

（1）硬件平台搭设

在项目初期，为项目量身定制搭建了项目硬件平台及千兆网络，实现了项目现场 WIFI 全覆盖，如图 1-4-14 所示。

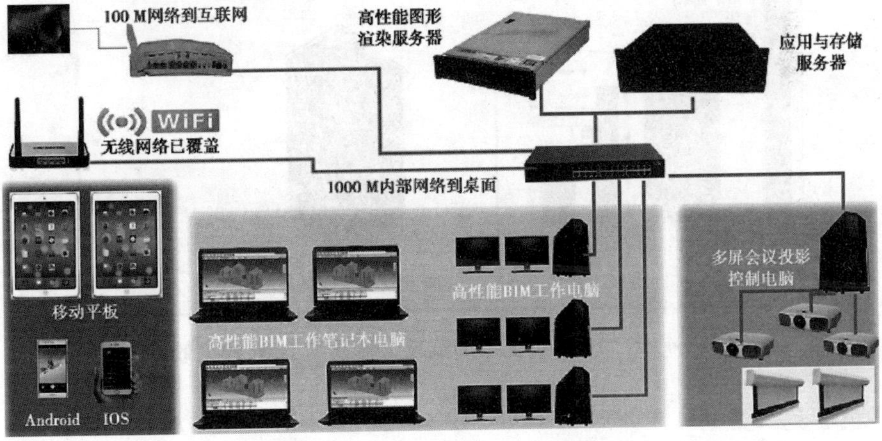

图 1-4-14　项目现场 WIFI 全覆盖

（2）平台功能（图 1-4-15）

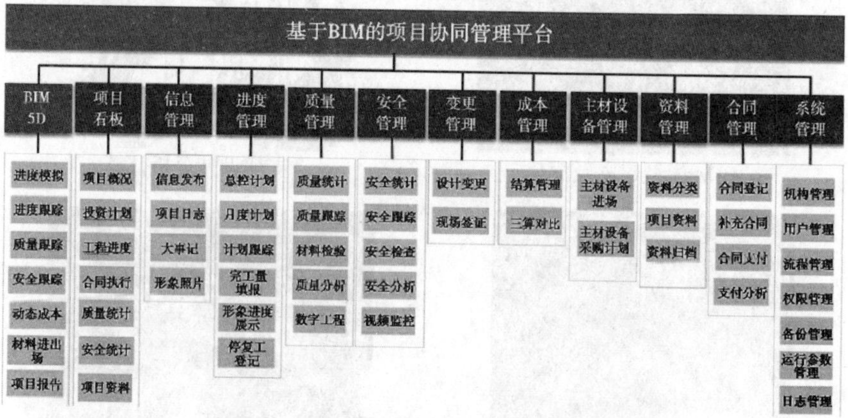

图 1-4-15　基于 BIM 的项目协同管理平台

（3）模型轻量化

斯维尔 BIM 及绿色建筑咨询中心通过 BIM 浏览器可轻松浏览超大体量的 BIM 模型，实现对单栋 30 万 m^2 以上建筑全专业模型的实时浏览，可在浏览器中对三维 BIM 模型进行放大、缩小、视区平移、剖切、测量，可以查看模型属性，对模型进行标记、视口保存与载入等操作，如图 1-4-16 所示。

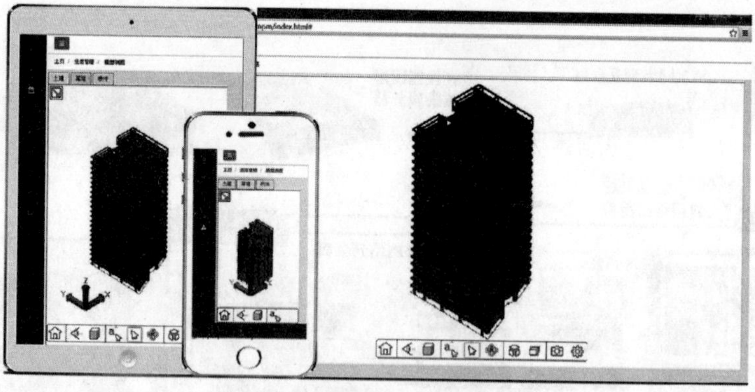

图 1-4-16　BIM 浏览器浏览超大体量的 BIM 模型效果

14. 施工策划

借助 BIM 平台，可以为项目规划并模拟场地布置，达到节地、节材、节能、节水及环保的目的。

15. 进度管理

将施工单位编制的项目施工进度计划导入 BIM 与模型关联，根据实际施工进度录入实际开工完工时间。软件动态分析项目进度是否与计划相符合，如存在差异可分色显示，方便实时掌控项目进度，及时调整施工方案，如图 1-4-17 所示。

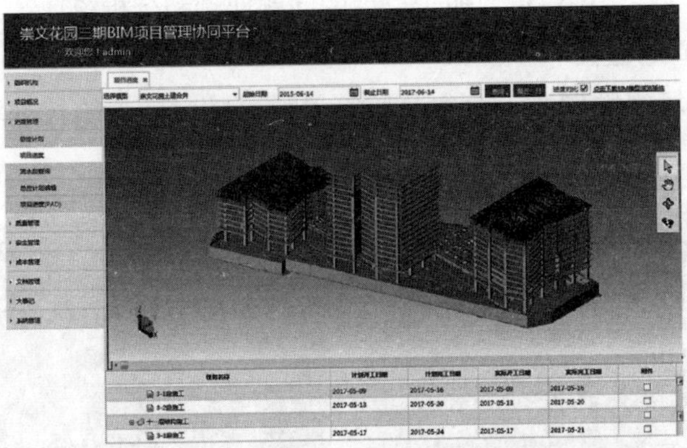

图 1-4-17 崇文花园三期 BIM 项目管理协同平台

16. 成本管理

可进行进度工程量分析、投资完成统计分析、进度款计算、主要材料进度用量与费用分析、主要设备用量分析等操作。

17. 质量管理

可通过手机客户端在现场拍照采集质量问题，并上传到平台，并指定责任人。责任人对质量问题进行处理，然后复核与关闭该问题，最后对质量问题进行统计、归档，如图 1-4-18 所示。

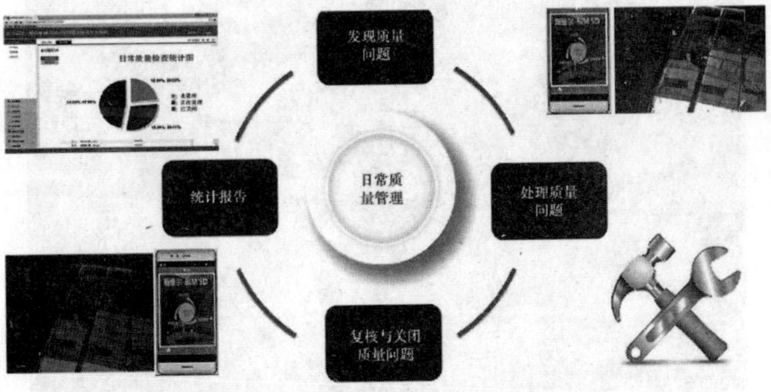

图 1-4-18 手机客户端质量管理流程图

18. 安全管理

在开始施工前，利用 BIM 模型进行虚拟巡查，提前发现安全隐患并设置安全巡查点。针对每个巡查点进行建模、编号，并录入位置、标准做法等信息，然后在项目现场进行巡查，并用手机 App 进行拍照或拍摄视频提交至平台，相关责任人进行问题整改后，反馈至平台待监理确认，确认完毕后关闭问题。整个流程在平台中留痕，便于以后的问题回溯和分析统计。

19. 在线工地监控

平台与现场视频同步，业主及监管单位可随时随地监控现场情况，如图 1-4-19 所示。

图 1-4-19　在线工地监控画面示例

20. VR 仿真

利用 BIM 生成仿真模型，借助 VR 头盔，提供室内、室外 360° 逼真虚拟现实体验，如图 1-4-20 所示。

图 1-4-20　VR 仿真效果图

二、厦门地铁项目

（一）厦门地铁建设历程

世界上首条地下铁路系统是1863年开通的伦敦大都会铁路，它是为了解决当时伦敦的交通堵塞问题而建设的。欧美及亚洲发达国家从20世纪70年代开始陆续进入城市轨道交通建设的高峰期。

1984年，中国国务院批准的《厦门市城市总体规划（1980—2000年）》仅考虑了地面电汽车公交。

2010年，厦门全面启动城市轨道交通规划建设，成立了城市轨道交通规划和建设的领导小组和工作组织；12月24日，厦门城市轨道交通建设规划完成，并报国家发展和改革委员会。

2011年5月31日，《厦门市城市轨道交通建设及线网规划环境影响评价报告书》正式上报环境保护部；9月28日，《厦门市城市轨道交通建设规划及线网规划环境影响评价报告书》获环境保护部批准；11月21日，厦门轨道交通集团有限公司挂牌成立。

2012年5月11日，《厦门市城市轨道交通近期建设规划（2011—2020年）》获国家发展和改革委员会批准；6月6日，《厦门市轨道交通1号线一期工程可行性研究报告》正式上报国家发展和改革委员会。

2013年8月23日，《厦门市轨道交通1号线一期工程可行性研究报告》正式获批。11月13日，厦门地铁1号线一期工程正式开工建设。

2015年1月31日，厦门地铁2号线一期工程正式开工建设。12月28日，厦门地铁3号线、4号线控制性工程正式开工建设。

2016年10月8日，《厦门市城市轨道交通第二期建设规划（2016—2022年）》获国家发展和改革委员会批准；12月30日，厦门地铁6号线一期工程正式开工建设。

2017年3月12日，厦门地铁1号线全线贯通，全线车站主体封顶；4月30日，厦门地铁1号线实现部分热滑；5月8日，厦门地铁1号线实现全线“轨通”；6月29日，厦门地铁1号线实现全线热滑；6月30日，厦门地铁1号线实现全线电通；8月5日至8月25日，厦门地铁1号线根据列车运行图进行全线模拟试运行；10月6日至10月12日，厦门地铁1号线进行体验式试运行；12月31日，厦门地铁1号线开通试运营，厦门成为我国第34个开通运营地铁的城市。

2018 年 5 月 9 日，《厦门经济特区轨道交通管理条例（草案）》公布，并公开征求意见；12 月 21 日《厦门经济特区轨道交通管理条例》经厦门市第十五届人民代表大会党务委员会第二十次会议表决通过，于2019年2月1日起施行。

（二）地铁建设应用 BIM 技术的历程

鉴于城市轨道交通工程的自身特点，城市轨道交通行业对 BIM 技术存在十分强烈的需求，在城市轨道交通领域应用 BIM 技术有望显著提高设计、建设和运营效率。国内很多城市都在进行积极的尝试与探索，并取得了一定的成效，日前国内城市轨道交通工程的 BIM 技术应用主要集中在设计与施工阶段。

设计阶段是目前国内城市轨道交通工程 BIM 技术应用最广泛、相对成熟的阶段，例如车站管线综合及构建数字管线是目前 BIM 技术应用的重要切入点。针对管线搬迁模拟、道路仿真模拟、场地现状仿真、装修效果可视化、工程量复核、大型设备检修路径复核等其他 BIM 技术设计阶段应用点的探索也在积极推进中。

施工阶段的城市轨道交通工程 BIM 技术应用尚没有设计阶段那么广泛与成熟，目前大多处于探索阶段。应用方向主要包括施工统筹、施工仿真模拟、施工数据监测、三维可视化、三维激光施工放样、三维扫描质量复核、预制构件信息管理系统、手机端的施工管理、基于模型的变更管理、施工进度管理等。

2013 年，厦门轨道交通 1 号线在建设之初就引入 BIM 技术，实现了 1 号线全线路、全阶段、全过程、全专业的应用目标，借助 BIM 技术实现规范化、标准化、精细化、信息化的项目管理，辅助解决了厦门轨道交通建设难题，开创了由厦门轨道交通集团有限公司主导、上海市地下空间设计研究总院有限公司牵头、各参建方实施的独具厦门特色的轨道交通项目 BIM 管理“厦门模式”。

BIM 技术在建筑行业中的应用越来越广泛。通过采用 BIM 技术，建筑公司可以在整个流程中使用一致的信息设计和优化项目，并且还可以通过可视化的外观支持更好的沟通，以便让项目各方了解成本、工期与环境影响。BIM 技术支持建筑师在施工前更好地预测竣工后的建筑。

BIM 技术改变了传统的建模思维，实现了三维到多维信息建模的技术革新，真正实现了协同设计。BIM 技术已成为业主决策阶段有效的辅助工具，BIM 技术的应用成为设计单位和施工单位承接大项目的必备能力。国外学者目前更加重视 BIM 技术的跨学科、跨领域的综合应用，实现多方面的统筹管理，在各个施工阶段、各专业之间及运营期间实现全方位协同工作。

（三）厦门地铁对 BIM 技术的应用需求

1. 厦门地铁建设难点

不同于一般民用建筑工程或市政工程，地铁建设工程是一项复杂且庞大的系统工程，主要面临专业众多、投资庞大、建设周期紧、质量要求高和管理协调难等问题。这些地铁建设行业的共性难题也同样对厦门地铁建设者提出了挑战。

（1）专业众多

地铁建设工程项目中会涉及建筑、导向标识、装饰、车站管线综合、地下结构、地面结构、防水、工程规划、桥梁、电力系统和变电站、牵引网络、电力监控、电源整合、动力照明、给排水、通风空调、线路、路基、轨道、限界、轨旁、通信、乘客信息系统、信号、自动售检票、火灾报警系统、环境监控系统、综合监控、办公自动化、门禁、电扶梯、站台门、人防等 30 多个专业及系统。专业众多，不同项目实施阶段专业之间的协同十分困难。

（2）投资庞大

城市轨道交通项目点多、线长、面广、规模大、要求高，导致造价高、投资规模庞大。地铁地下线路每千米综合造价为 6.0 亿～ 8.0 亿元，高架线路每千米综合造价为 4.0 亿～ 5.5 亿元；伴随近年征地拆迁成本提高，一条城市轨道交通线路建设投资动辄几百亿元。未来中国城市轨道交通建设总投资将超过 6 万亿元，各城市地方财政将面临非常巨大的压力。如何在地铁建设中节省投资同样也是摆在厦门地铁建设管理者面前的一个重要难题。

（3）建设周期紧

目前国内一条地铁线路的建设周期一般为 5 ～ 7 年，除去前期勘察规划、征地拆迁、管线迁改的准备时间，从土建全面动工算起的建设期不足 5 年，如果再减去后续设备联调和试运行的时间，真正的施工时间大约只有 4 年。厦门地铁建设者在探索如何应用新技术减少返工延误、加快建设速度、科学缩短工期等方面投入了相当多的时间和精力。

（4）质量要求高

作为城市发展的战略工程、与民众生活息息相关的民生工程及解决城市交通难题的“百年精品工程”，地铁建设工程要求必须是“百年大计和质量第一”

的“匠心工程”。在建设过程中，任何设计、施工遗漏的问题都会导致交付运营后百年时间内的运维成本大幅飞涨。如何通过新技术提高设计质量，减少施工问题，加强风险管控，高质量地将地铁工程建设好，是各城市地铁建设者都需重点考量的问题。

（5）管理协调难

地铁建设涉及 30 多个专业和系统，这对地铁业主的管理协调要求非常高，需要地铁业主将众多参与人员进行整合、使之紧密配合，实现高度协同。如何通过共享交互工具、信息化手段提高对各参建方的协同管理水平，打破传统建设管理模式下的信息壁垒，是当前厦门地铁建设者积极探索的方向。

（6）厦门地铁的建设挑战

厦门地铁除了面临以上地铁建设行业的共性难题之外，还需要面对在厦门这座美丽海滨城市第一次开展地铁建设的特殊挑战，主要问题包括：

①建设经验不足。城市轨道交通工程规模大，涉及专业多且专业性强，在厦门这座海滨城市第一次开展跨海地铁建设，首要问题是建设经验不足。

在厦门轨道交通集团成立之初，公司成员最早都是从厦门其他市政路桥建设部门招聘而来的。他们虽然在市政路桥的建设方面经验丰富，但普遍对地铁建设还不熟悉，对于如何开展建设管理不清晰，对地铁庞杂的专业不了解，对众多机电设备知识掌握不足。为解决经验不足问题，厦门轨道交通集团前期调研走访了国内 19 座已开通地铁运行的城市。通过对外学习和自身完善，同时提供人才引进优惠政策，在国内网罗了一批优秀的地铁建设人才，逐渐完成了对地铁公司人才团队的组建工作。

②建筑密度高。2015 年数据统计表明，厦门岛内人口密度已达到每平方千米 1.4 万人，这样的人口密集度已达到上海和香港的级别。同样，厦门岛内城市建筑的密集度也与上海、香港类似，高楼建筑密集、间距近，街道顺着山路水道曲径宛转、密集狭窄、见缝插针。在这样一座高度密集的旅游城市开展地铁建设，在布置地铁出入口和出地面风亭时，既要满足使用功能又要考虑与周边建筑的景观结合，每一个方案的选择决策都需要反复斟酌；建设期间的道路翻交、管线搬迁更是头疼问题，既要合理筹划方案，最大限度地减少对市民出行的影响，还需要与其他市政道路交通绿化等政府职能部门进行沟通协调，以争取部门间的紧密配合实施。如何更好地保护厦门复杂城市周边环境，以便更合理地优化出入口风亭布置、交通疏解方案，并将这些方案更直观地进行呈现以减少沟通协调成本，这是摆在厦门地铁建设管理者面前的另一个工作难题。

2. BIM技术在厦门地铁中的应用模式

鉴于厦门首次开展地铁建设的背景，厦门轨道交通集团有限公司早期参与厦门地铁建设的人员虽然在地铁建设上经验不足，但基本都已从事多年的市政道路和桥梁建设，如在厦门跨海大桥设计施工中就有三维可视化设计的经历。

厦门轨道交通集团有限公司后期在19个城市调研走访的基础上，充分学习和吸收了上海曲阜路地铁站在设计阶段运用BIM技术的经验，进行了厦门地铁管线优化布置，解决了管线碰撞等全专业的车站设计难题；借鉴了无锡梁溪大桥地铁站在施工阶段通过BIM技术将管线设备进行建成状态模拟、闸阀细化、机房深化以及使用模型指导现场施工和管道预制等经验，组织力量对设计队伍进行了地铁1号线BIM技术应用的专项培训和考核。

厦门地铁建设者们上下一心，率先在全国地铁行业开展了全线路、全阶段、全过程、全专业的多层次BIM技术辅助地铁建设，通过进一步对BIM技术应用路线和方案的梳理，创新提出了采用“业主主导、BIM咨询单位牵头协同、各参建方实施”的BIM技术应用模式——“厦门模式”。该模式根据工程进度循序渐进、分阶段地开展BIM创建和完善工作，进而使用BIM技术优化设计质量、指导现场施工开展，并形成竣工数字化模型。“厦门模式”具体特点如下。

（1）业主主导

厦门地铁作为业主方全面推动BIM技术在地铁建设中的应用，将BIM技术作为业主提升管理水平的辅助工具。厦门地铁内部成立BIM技术领导推进组，统一规划协调BIM技术应用开展，将BIM技术工作管理职责划分到各管理职能部门，对工作目标提要求、对工作结果进行考核。此外，厦门地铁将BIM技术全专业应用要求纳入对各设计、施工、厂商单位的招标要求和合同中，要求参与厦门地铁1号线的所有相关单位必须完成对应的BIM工作，提交BIM工作成果，并服从相关BIM工作考核。

（2）BIM咨询单位牵头协同

厦门地铁对BIM咨询服务进行专门立项招标以此确定一家独立的第三方BIM咨询单位，由该BIM咨询单位协助厦门地铁业主进行BIM实施方案规划、BIM标准编制、BIM工作过程管理、工作成果审查与归档。同时，该BIM咨询单位作为BIM技术行业专家要对包括业主在内的各参建方提供培训和实施指导、提供BIM协作平台及进行统一的数字化竣工交付。厦门地铁对BIM咨询单位进行管理授权和合同约定，并在对各参建方招标时就明确他们要服从BIM咨询单位在BIM工作上的管理与考核。在厦门地铁BIM技术应用体系中，BIM咨询单位不从事具体的建模工作，他们重点负责方案与标准的制订，搭建协同平台开展管理工作，管理各参建方具体完成BIM工作。服务业主、辅助总体、管理参建方，是厦门地铁对BIM咨询单位的定义。

（3）各参建方实施

厦门地铁在招标时就将各项BIM工作要求纳入各家单位的工作范围。厦门地铁在招标要求中针对各参建方的角色不同，要求各设计单位应完成BIM建模设计；要求各施工单位应完成BIM施工深化，将BIM技术用于现场指导施工开展，交付竣工模型；要求各设备厂商应提交符合标准要求的虚拟设备模型和数据。所有参建方的BIM工作实施都应在厦门地铁统一制定的BIM实施方案和标准框架下执行，由BIM咨询单位开展具体过程管理，由厦门地铁业主各部门进行验收，所有参建方均应基于BIM协同平台开展合作。

（四）厦门地铁BIM实施规划

1. 设计阶段

设计阶段由厦门轨道交通集团总工办（组织机构已调整，现已撤销）牵头，在招标时将BIM设计工作要求纳入各家设计单位的合同范围内，这样设计人员必须同时完成BIM模型和传统二维设计。为了更好地管控设计单位BIM工作的进度质量，厦门地铁通过招标引入BIM咨询单位，由他们开展具体的BIM技术应用实施过程管理和成果归整工作。在设计阶段，BIM咨询单位的角色定位是BIM专业的小总体，服务地铁业主、辅助设计总体、管理各家设计单位的BIM工作开展。

设计阶段的BIM工作重点聚焦于机电与装修专业的精细化设计。地铁车站土建工程属于边设计、边施工、边修改的典型“三边工程”，反复修改量大；地铁土建设计的重点在于结构设计和辅助施工工程设计，现场施工多、预制化较少，如采用BIM进行精细化设计，BIM设计工作量繁重且难以用于现场；地铁车站工程特点是专业种类多、系统复杂、穿插影响大，同步沟通与专业间协同是各方关注的焦点；地铁车站机电管线复杂，二维设计难以深入解决管线冲突和排布优化问题；地铁车站机电设备繁多，未来运维的关注重点是这些设备；地铁车站公共区装修与土建和机电结合关系紧密，传统设计难以进行装修精细化设计。综合以上地铁车站工程建设的难点，将BIM技术应用到机电与装修专业，开展精细化 BIM 设计，能充分发挥 BIM 优势，将资源和力量投入最能发挥 BIM 价值的地方。

2. 施工阶段

厦门地铁 BIM 技术在施工阶段重点用于机电专业的施工，由工程部机电部门牵头，在招标时将施工阶段 BIM 技术应用要求纳入各机电施工单位的招标要求中，要求各机电施工单位必须承接设计 BIM，并将模型进行施工深化，使用 BIM 指导现场施工。

BIM 咨询单位的咨询工作也延伸至机电施工阶段，协同设计平台沿用至施工阶段，用于机电施工单位开展施工深化设计。在施工阶段，BIM 咨询单位的角色定位是业主现场施工管理的辅助者、施工深化实施的管理者、机电施工管理平台实施的支持和监督者。

厦门地铁施工阶段的 BIM 工作重点主要聚焦于土建与机电工程施工的 BIM 技术应用上。地铁车站土建工程施工属于现场施工，在完成交付物结构上简单清晰，但施工工艺措施和施工需求较为复杂，并且此项工作的组织与管理需投入很大精力，但成效却不显著；地铁车站机电工程大部分属于安装工程，很多工作属于预制加工类且安装空间受限，需进行周密的预先模拟才能充分确保安装施工的顺利进行，所以 BIM 技术的虚拟建造特性能发挥出巨大价值。

3. 竣工交付阶段

在竣工交付阶段，由地铁运营公司牵头、地铁设计单位和地铁工程管理部门配合，开展对竣工交付模型的验收移交。地铁运营公司根据运营管理需求及运维系统对 BIM 模型的使用要求及数据完整度提出要求，编制设施设备编码标准；地铁工程管理部门组织地铁施工单位完成二维竣工图并完善三维竣工模型，竣工图和竣工模型的一致性由地铁设计单位进行审核确认，竣工模型与现场交付实体的一致性由地铁施工监理单位进行审核确认，竣工模型信息录入的完整性由 BIM 咨询单位进行审核确认。在地铁运营公司验收通过所有交付成果后，BIM 咨询单位负责整理所有的交付成果，进行统一的模型归档，并完成数字化竣工交付。

BIM 技术数字化可为运维平台提供数据接口，运维平台能使用竣工模型进行可视化展现，同时也能调用模型中的信息数据用于运维阶段的管理。

4. 运营和维护阶段

项目建成后，进入运营和维护阶段，这一阶段的成本占建筑工程项目整个生命周期的 55% ～ 75%。因此，如何妥善管理和维护是影响建筑工程项目整个生命周期的重要内容。建筑工程项目运行过程中的主要管理任务是对项目完整信息模型进行统计总结和分析。

当前运营和维护阶段的主要问题包括：第一，因为竣工图、材料与设备信息、合同信息、管理信息是分开的，设备信息的格式和格式因位置而异，信息中断使操作管理变得困难。第二，设备的管理和维护没有科学规划，根据经验进行，不规范，设备难以避免产生故障，被动地处于管理和维护模式下。第三，资产的运营没有工具的合理支持，对资产缺乏全面、统计的管理，导致大量资产流失。

在设施管理理论的指导下，借助 BIM 模型可以更好地进行运营和维护管理。其具体应用如下。

（1）资产管理

基于 BIM 的可视化数据模型可以增强对业务对象安装信息的有效管理。除了建筑项目的 2D 和 3D 信息外，BIM 模型还包含大量数据信息，包括模型中的材料、设备、价格和制造商信息。这些信息完全符合现实，避免了信息的分离和丢失。

同时，企业或组织可为所有活动建立三维信息模型，及时更新。

（2）设备维护保养计划

大多数工厂的管理工作指的是设备管理。随着智能建筑的不断出现，设备成本在设施管理中所占的比例越来越大。在设施管理中，我们必须重视工厂管理。安装操作人员通过将 BIM 技术应用于设备管理系统，不仅能够了解设备的使用状态，还能够根据设备状态提前预测设备故障，以便在设备故障发生前对设备进行维护，降低维护成本。

（五）厦门地铁中的具体应用

1. BIM 技术应用点规划

BIM 技术是一种辅助技术手段，虽然不直接解决轨道交通工程的技术问题，但具有以下优点和功能：

①为设计提供了可视化手段，设计成果的检查与验证、设计意图的表达变得更加直观和容易理解，保证了设计质量。

②为施工作业提供了直观的技术沟通平台，减少了因沟通不畅和理解错误导致的返工现象，提高了施工作业效率并保证了施工作业质量。

③为施工管理平台提供了数据及信息支持，简化了施工作业管理，提高了管理信息化水平。

厦门地铁 BIM 技术应用路线如图 1-4-21 所示。BIM 技术在规划方面有着得天独厚的优势，它能在模型中实现城市中多行业、多领域的共享与融合。从宏观上它能实现城市总体规划、综合交通规划、近期建设规划和经济发展规划与个体项目之间的相互促进和融合。对于单个项目而言，它能整体把控项目的设计、施工、移交运维三个阶段：设计阶段完成深化设计模型，用于可视化设计交底；施工阶段完成施工模拟、可视化施工管理和可视化竣工移交；移交运维阶段完成对运维管理系统的数字化移交，对整个应用点策划的层层推进。在厦门地铁工程中，BIM 技术的应用由业主主导、BIM 咨询单位牵头协同、各参建方共同参与，采取循序渐进分阶段进行的方式实施。

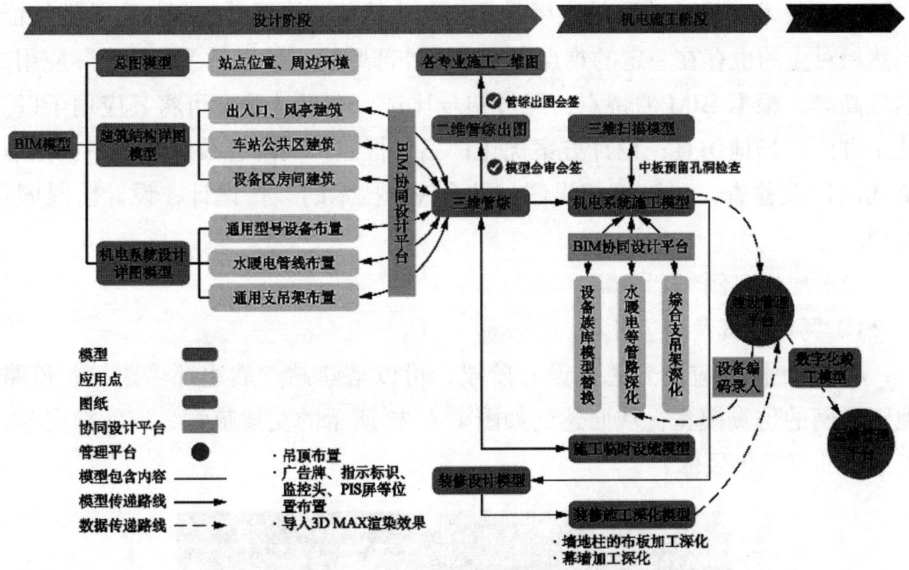

图 1-4-21　厦门地铁 BIM 技术应用路线

2. BIM 技术在设计阶段的应用

（1）应用点选择

BIM 技术在设计中可以应用于方方面面，和在设计理念、设计过程、设计维护、可视化以及协调性方面的应用。通过 BIM 技术进行仿真研究，可以在设计时充分认识到建筑的隐患，在处置方法上可以有更好的优化措施，同时，对设计理念有良好的优化。在设计过程中以数字模型为重要表达方式，可以使设计更加标准，各部门的协同工作能力增强，并在此过程中实现各部门的信息共享，减少设计失误。为使设计阶段各设计院采用统一的BIM族库文件，BIM咨询单位在建模初期就提供统一的BIM族库文件，先后发布各类族库文件250类。

对于较为复杂的设计，BIM可以贯穿概念设计、方案设计、初步设计、图纸设计整个过程，并充分发挥优势，由此可以使设计工作按照预期设想来实现。此外，鉴于BIM在可视化方面的巨大优势，在设计过程中可以使工程施工的效果图得到更好的完善，减少矛盾与冲突的现象发生。在模型信息方面可以减少前期专业问题的碰撞，对相关问题做出良好的改进，这对设计工作的质量提供了更多的提升空间。

BIM技术在设计阶段的应用具有信息化特征、协同性特征、高效性特征，当然相对应的也存在一定的难点，如易受外部影响、数据易丢失及实际应用成本较高等。根据BIM的特点，经过初步比选，在设计阶段可将其应用于以下几个方面：场地仿真；设计方案优化；三维报建；三维管线综合；中板预埋、留孔洞以及检查；二维管综出图；结合VR技术的装修设计；设计阶段固化模型。

（2）应用实例

1）场地仿真及周边环境

将BIM技术应用到总体设计阶段，可以搭建站点周边环境建筑、道路、地下管网的仿真模型，从而达到如图1-4-22所示的交通疏解、道路翻交等施工组织的可视化目标。

图1-4-22　周边环境模型示意图

同时，可以细化完善车站出入口、风亭模型，检查地面建筑部分与红绿线、河道蓝线、高压黄线及周边建筑物的距离关系，以及出入口方案稳定后的检查与绿化、建筑景观配合的外观效果，从而实现建筑和景观的和谐，如图1-4-23所示。

图1-4-23　出入口、风亭建筑示意图

另外，根据施工场地总体布置方案，可建立包含重要施工设备、大型临时设施及施工场地围挡的三维模型，直观反映施工场地布置情况及与周边环境的关系，为施工场地布置优化提供更加直观的参考，如图1-4-24所示。

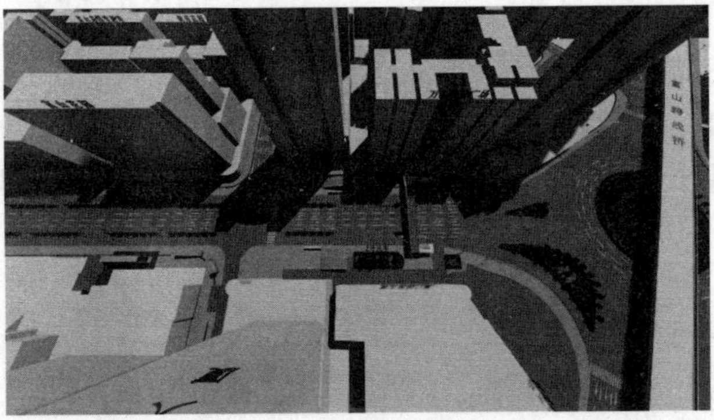

图1-4-24　场地模型示意图

2）设计方案优化

BIM三维设计有别于二维设计，在三维场景中漫游很容易发现二维平面中不易发现的问题。因而，借助三维BIM模型，可以发挥BIM可视化沟通交流的优势，提高各方讨论决策的效率（图1-4-25、图1-4-26）。

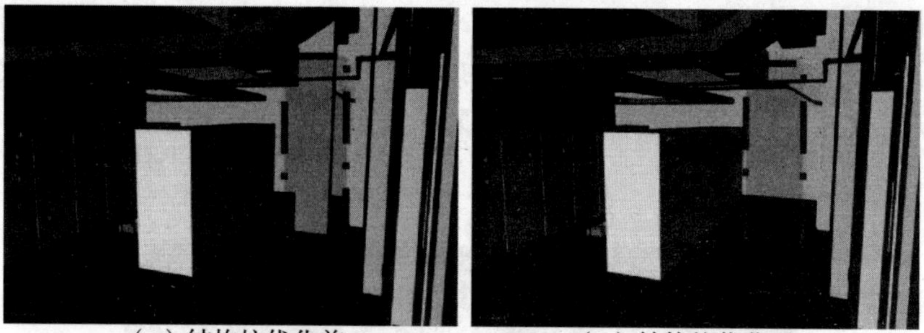

（a）结构柱优化前　　（b）结构柱优化后

图 1-4-25　设计优化案例（1）

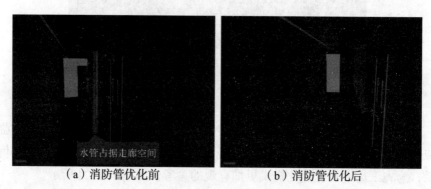

（a）消防管优化前　　（b）消防管优化后

图 1-4-26　设计优化案例（2）

3）三维报建

BIM 技术在三维报建中起到至关重要的作用，在建筑初设完成时，可应用 BIM 技术完成车站及出入口、风亭位置、区间、停车场、车辆段等初步框架模型的构建，导出符合规划部门要求的三维报建模型，配合业主完成三维报建工作。

4）三维管线综合

在机电施工图三维管线综合（以下简称“管综”）设计阶段，利用 BIM 的三维可视性和碰撞校核功能，各机电系统专业在同一个模型下可进行协同设计、碰撞消除，对自动碰撞检查出的问题进行协调修改，构建无碰撞的三维管综模型。在保证各专业、各系统设计的工艺流程合理、先进的前提下，使车站空间获得充分、合理、有效的利用，以节省地下空间，同时便于施工安装和运营维护，并为建筑装修设计提供基础资料。

5）中板预埋留孔洞检查

在土建施工开展前，通过 BIM 模型复核结构中板预留孔洞土建施工图纸，确保土建施工中板孔洞预留无错漏。

利用 Navisworks 自动碰撞校核功能及轻量化浏览模型，对结构中板预留孔洞进行检查，复核孔洞预留位置、大小、标注，调整错、漏孔洞，并出具检查报告提交设计总体和相关设计单位复核，确保孔洞预留的准确性，如图 1-4-27 所示。

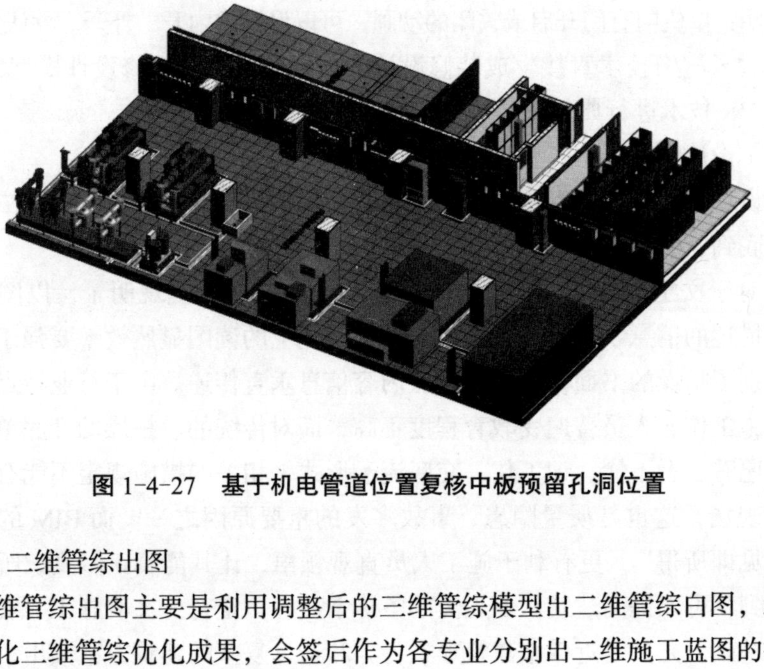

图 1-4-27 基于机电管道位置复核中板预留孔洞位置

6）二维管综出图

二维管综出图主要是利用调整后的三维管综模型出二维管综白图，组织会签，固化三维管综优化成果，会签后作为各专业分别出二维施工蓝图的指导性文件。

7）结合 VR 技术的装修设计

在装修设计阶段，将装修元素，如吊顶、广告牌、PIS 屏、监控摄像头等加入 BIM 模型中，检查装修构件与土建、机电模型的碰撞，可进行如下交互式设计。

①交互设计一：闸机样式切换。

说明：选中一个闸机即可对同类型的闸机进行一次性全部替换更改（三种样式为宜）。

②交互设计二：装修地坪样式切换。

说明：选中后可以对装修地坪的样式进行切换，如不同的尺寸、不同的纹理等。

③交互设计三：装修墙颜色切换。

说明：选中装修墙可以对墙的材质和颜色进行切换。

④交互设计四：装修吊顶样式切换。

说明：吊顶样式可以切换为无吊顶、吊顶样式一、吊顶样式二。

⑤交互设计五：房间门开启。

说明：单机门有门开启或关闭的动画，可以设计成内开、外开，默认为外开。

通过云渲染技术直接生成装修设计的预期效果图。装修设计模型完成后，可基于 VR 技术进行典型车站装修效果比选。

（3）设计阶段固化模型（三维可视化设计交底）

在设计交底阶段，利用三维模型直观可视化特点，可以完成传统二维设计图纸交底到三维模型交底的过渡，提高设计交底的质量。

相对于文字性交底而言，可视化最突出的特点是直观明了，以图片视频对所要描述的信息予以直截了当的交代，视觉上的读图显然效率要强于阅读文字，告别了枯燥的书面讲解，让重点内容信息垂直传递。由于行业特点，一线的建筑施工作业人员普遍受教育程度不高，面对传统的、枯燥的交底单，普遍反映不愿看、看不懂、记不住，交底流于形式，相关的措施规定不能有效传递至工地现场，这也是质量隐患、事故多发的重要原因之一。而 BIM 的表达方法“所见即所得”，更有利于施工人员直观领悟，让其能真正看到、听到、说到、做到，可以提高建筑从业人员的整体素质，奠定企业文明施工、安全生产的良好基础。尤其是近年来建筑形式各异和造型复杂的建筑方案频出，仅靠建筑参与人自行“脑补”显然并非最优解决之道。BIM 提供了全程动态的可视化的解决方案不失为一种简单易行高效的方法。

可视化交底具体应用的例子有很多，以车站土建设计交底为例，基本可按照以下步骤实施：建模检查出报告—土建问题梳理专题会—设计修改—BIM 二次复核—项目部现场交底。在交底时，可根据土建设计方案，将具体的文字性要求，通过三维模型及简单明了的视频动画手段，有针对性地还原土建施工现场，使施工人员对土建设计方案、重点施工次序等有相对清晰的视觉参考，做到胸中有数，并可加大被交底人对现场环境的感知。

（4）设计阶段的BIM特色应用

1）集中办公

为了更好地推进BIM应用的实施，厦门地铁结合自身的实际情况，在设计阶段增加了结合自身特色的BIM管理手段，采用集中办公模式。

在BIM应用过程中，面临着诸多问题，例如存在设计单位无法准时完成BIM建模工作，设计单位BIM设计水平无法满足实际的项目需要，各单位、各专业之间存在提资信息不及时的情况。厦门地铁针对以上问题，开展了集中办公模式，该模式在保证设计进度的同时还可提升设计质量。

2）包容性设计

在设计阶段设备厂商招投标过程中，增加BIM技术要求，在设计前期采用包容性设计。此外，支吊架厂商提前参与了BIM三维设计，协助优化管线，大大减少了现场支吊架变更的风险。

3）施工与运营提前参与会审

施工单位以及厦门地铁运营部门在设计阶段提前介入。在设计阶段，厦门地铁运营部门更关心的是风阀检修空间、设备布置合理性等切实影响到未来使用的功能需求；而施工单位更关心模型在实际过程中能否容易实施，以及如何在满足使用需求的情况下，减少材料的使用。鉴于各方关注度不一致，设计阶段各参建方共同参与可以减少因后期的变更造成工期的延迟等问题。主要会审内容包括：

①各方参与设计模型审查问题。各方针对机电BIM模型开展审查，包含工点内部意见审查、BIM咨询意见审查、设计总体意见审查、设计监理意见审查、施工单位意见审查、运营意见审查等。

②后期线路较以往线路机电BIM模型深度加深。厦门地铁2号线机电BIM模型较1号线机电BIM模型深度有了较大的改变。相比1号线增加了管道附件、止回阀、平衡阀、保温层、母线槽、配电箱等，最大限度地减少了因管件设备族缺少而造成的后期影响。

3. BIM技术在施工阶段的应用

（1）应用点选择

BIM技术在施工方案模拟优化、施工过程管理协调等方面具有得天独厚的优势，可大大改善传统项目管理过程中无法克服的一些弊端，使得各参建单位和建造者能够高效地沟通，确保项目施工的稳定运营。

在厦门地铁项目中，BIM 技术在施工阶段具体可应用于以下几个方面：

现场三维扫描；临水、临电、临边防护及临时设备；标准化工厂预制加工；设备族库模型替换；水暖电等管路深化；综合支吊架厂商深化；装修深化模型；可视化施工管理；指导现场机电安装。

（2）应用实例

1）现场三维扫描

在现场，土建施工完成后，施工单位需在土建施工监理的认可下提交土建交付现场三维扫描点云模型，并由 BIM 咨询单位对三维扫描点云模型进行审核，确保点云模型的有效可用。BIM 咨询单位整合点云模型与 BIM 模型，通过点云数据分析软件发现施工误差、孔洞遗漏、位置偏移等问题，并将分析结果和问题报告提交业主、设计总体及机电施工单位，以提前针对这些问题开展对机电部分的施工调整，避免现场施工遇到突发状况而延后工期。

2）“三临”防护设计

机电施工前，根据施工图纸和现场的实际情况进行临时防护设计，包括临水、临电、临时防护及临时设备等，并通过漫游的方式检查临边防护设备布置的合理性，实现文明施工、可视化施工组织管理。施工单位基于 BIM 模型及现场情况完成临水、临电及临边防护“三临”建模，通过业主、监理单位及 BIM 咨询单位验收后施工，提高了施工现场安全文明标准化水平。

应用目标：通过临水、临电及临边防护 BIM 建模，对施工现场进行合理布局，提高文明施工水平，避免现场私拉乱接电线和临时设施频繁拆装等。

应用范围：利用 BIM 模型成果，对车站现场临水、临电、临边防护进行标准化设计。

3）标准化工厂预制加工

在 BIM 模型中，安全防护设施、综合支吊架和风管等采用标准化设计，施工单位将 BIM 模型中的风管及桥架进行拆模，以完成 BIM 模型深化设计。将 BIM 模型深化设计中的标准化构件用于工厂的预制加工，可达到“降低损耗，绿色环保”目的。

4）设备族库模型替换

在机电施工和设备安装之前，设备制造商向设备系列库提供产品的实际尺寸和信息，施工单位更换设计型号的一般设备，以完成生产线和管道模型的详细设计。设备及系统供应商确定后，BIM 咨询单位负责协调各设备及系统供应商按设备 BIM 族库模型交付标准提供细化模型，并且要与供货设备的 BIM 族库模型一致。在进行族库审查工作时，应确保设备BIM族库模型与实际产品的信息一致和标准化。此外，还应对通过审核的设备BIM族库模型进行入库管理，分类整理到族库管理工具中，并编制配套族库的使用说明，便于施工承包商在施工阶段进行BIM模型的施工深化设计。

BIM咨询单位对施工承包商的BIM模型施工深化设计开展审查工作时，重点需要检查设备BIM族库的施工信息录入是否完整和规范，并在施工阶段对标准BIM系列库进行维护、更新和排序，以满足建筑承包商对应用BIM技术的需求。

4. BIM技术在竣工阶段的应用

(1) 应用点选择

在竣工阶段，BIM工作的重点在于基于BIM技术的数字化竣工移交，即对施工竣工BIM模型、施工过程数据及运营维护数据进行科学整合，使建设管理平台中的“模型+数据”涵盖了设施和设备的完整工程信息、参数信息和资产编码信息。这为以后开发基于BIM技术的平台提供了数据接口，从而解决了运营和维护阶段施工期间的数据积累和输入问题。

基于BIM技术的数字化竣工移交，不可脱离“过程数据”而单独验收BIM模型，也不可脱离“BIM模型”而单独验收资料文档及数据。建设管理平台，可将“BIM模型”与“过程数据”二者形成关联和索引链接，并可通过BIM模型可视化选择构件获取关联数据、图纸、资料文档等信息，还可通过某些数据、图纸、资料文档等信息定位其关联的模型构件。

通过向“资产管理系统”和“办公网络信息系统”提供数据接口，系统开发人员能根据需要调用BIM模型的相关参数，并让运营人员使用开发的拓展功能实现数字化移交验收工作。此外，对竣工的设施设备可通过移动设备进行现场资产盘点、核实建设资料文档完整性、确定资产编码、张贴二维码或RFID标签、入库登记等验收工作。

在竣工移交时，应将建设管理平台中的模型和数据库作为BIM成果的内容向地铁运营部门移交。竣工移交工作的主要内容如下：设备族库信息整理；竣工模型审查验收；各阶段BIM成果的竣工资料归档；数字化竣工移交；运维系统的技术支持。

(2) 应用实例

1) 竣工模型审查验收

竣工阶段各参与单位提交完整的竣工模型，完成构件的资产编码和相关信息的录入，为运维提供准确而完整的信息模型。

如图 1-4-28 所示，集美大道 BIM 模型验收时运营方提出：设备终端控制箱未在模型中体现；部分专业乙供设备模型精细度不足，位置、数量与现场差异大，如照明配电壁挂柜数量、规格与现场不一致及开关柜布置有误等。

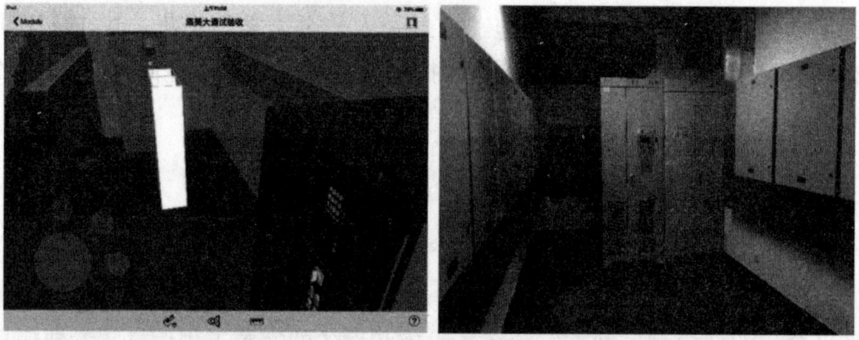

（a）BIM 模型　　（b）现场情况

图 1-4-28　照明配电室竣工模型与现场不一致的示例图

2）各阶段 BIM 成果的竣工资料归档

对于工程各阶段的成果进行归类汇总，建立工程数据中心，并将传统二维设计和管理方式产生的零散的图纸、文档和数据记录等与信息三维模型建立关联关系，可为轨道交通各类运行维护管理系统提供数据支撑。此外，实现信息快速检索和分类归档，可降低使用工程数据的人力和时间成本。实施工程三维数字化移交，还可为下一步构建工程全生命周期管理系统打好基础。

3）数字化竣工移交

利用 BIM 技术，可以在机电施工完成后及试运营前，依据现场完成的情况，完成竣工模型，并涵盖相关设备信息形成数字化竣工模型，移交运维管理平台。

整体以“模型 + 数据”数字化竣工交付的平台整体数据库，需对运维管理平台提供开发接口，同时，提供模型可视化引擎，以实现后续运维系统的建设期数据调用、资产管理数据调用及运维平台的 BIM 模型可视化等功能。需对运维管理平台提供的接口和功能有：

①模型可视化引擎接口。传统的地铁运维系统普遍基于数据、资料和二维图纸开展工作，缺少三维可视化功能，建设管理平台的“BIM+GIS”可视化引

擎可用于运维系统的可视化功能拓展，进而解决运维系统调用模型的 3D 显示问题。

②“模型 + 数据”的数据库接口。“模型 + 数据”的整体移交可为运维系统解决数据来源问题，进而解决接口运维系统的数据调用问题。

三、深圳技术大学一期工标段项目

（一）项目背景

深圳技术大学一期Ⅰ标段项目位于深圳市坪山区石井、田头片区，坪山环境园以西，绿梓大道以东，南坪快速（三期）以北，金牛路以南。主要建设内容包括公共教学楼，南北区宿舍、食堂、留学生及外籍教师综合楼，校医院及连廊平台、篮球场等室外配套工程。总用地面积约 59 万 m^2，总建筑面积约 95 万 m^2。总工期约为 4 年。

斯维尔 BIM 及绿色建筑咨询中心在该项目中负责业主方 BIM 咨询顾问总协调工作。

（二）BIM 应用点

深圳技术大学一期工标段项目的 BIM 应用点如图 1-4-29 所示。

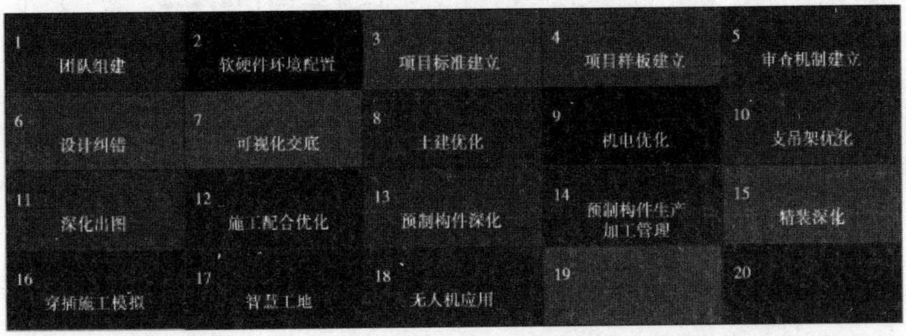

图 1-4-29 深圳技术大学一期Ⅰ标段项目的 BIM 应用点

（三）BIM 应用点的具体实施

1. 团队组建

在业主 BIM 总协调支持与统筹管理下，由各参建单位组建起各自的 BIM 团队，在各项目阶段按各自责任开展 BIM 工作，如图 1-4-30 所示。

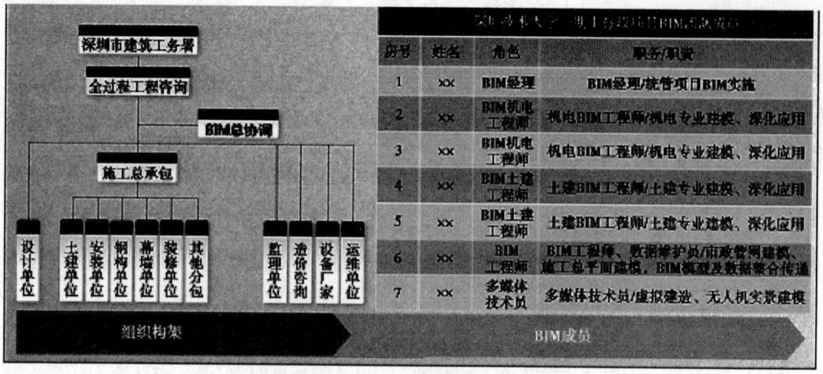

图 1-4-30　组织构架及 BIM 成员

2. 软硬件环境配置

三维软件使用 Autodesk Revit 2016 版本，三维漫游软件使用 Autodesk Navisworks，渲染软件使用 Lumion，算量软件使用斯维尔三维算量 For Revit，项目管理平台使用深圳市工务署项目管理平台，如图 1-4-31 所示。

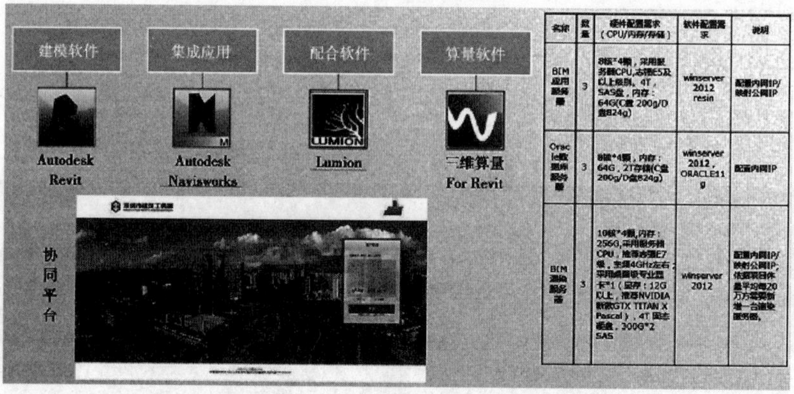

图 1-4-31　软硬件环境配置系统

3. 项目标准建立

通过策划、标准等文件，规范参建各方 BIM 工作内容、协同程序、工作要求、交付标准等，使工作有据可依。

4. 项目样板建立

由 BIM 总协调制定项目样板。项目样板统一了轴网、原点、过滤器、视图、族库等，避免了多个标段单位建模、BIM 坐标原点不统一等导致无法将模型链接到一起的问题。

5. 审查机制建立

制订与优化 BIM 工作设计协调流程（图 1-4-32），明确各单位在施工过程中的责任（图 1-4-33，确保 BIM 模型在建立、审核、交底、变更、维护、碰撞检查方面的工作能够高效、顺利地进行，为高质量图纸的输出做出保障。监理单位通过周例会跟踪项目计划执行情况，协调解决任务完成过程中的问题，保障 BIM 工作按计划开展。

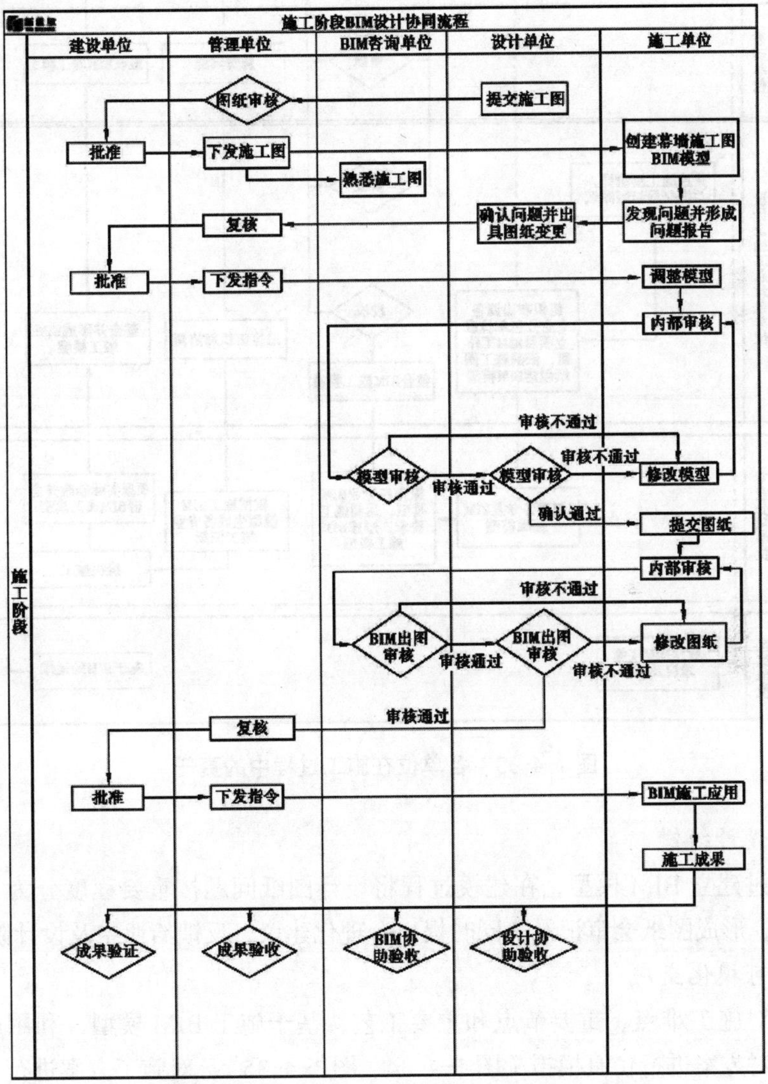

图 1-4-32　施工阶段 BIM 设计协同流程

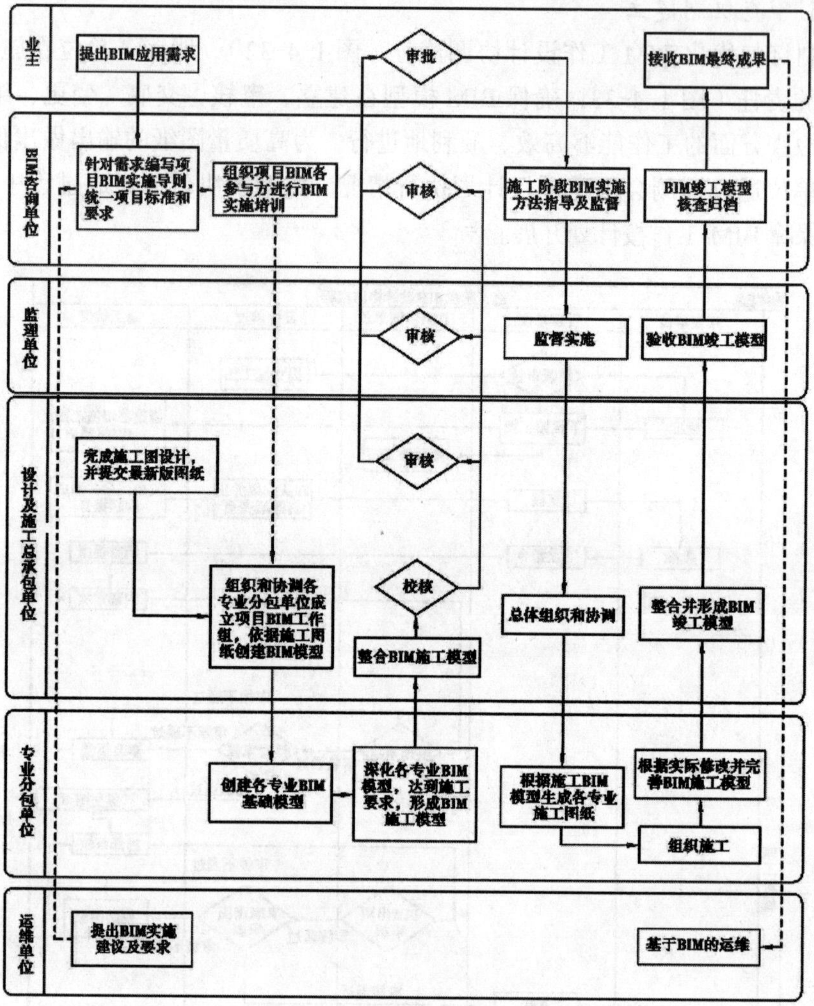

图 1-4-33 各单位在施工过程中的责任

6. 设计纠错

通过建立 BIM 模型，在建模过程将设计图纸问题按重要程度分为 A、B、C 三类，形成图纸会审记录，同时提出合理化建议，反馈给业主及设计院。

7. 可视化交底

针对施工难点、重要节点和重要工艺，基于施工 BIM 模型，利用虚拟仿真技术对方案进行仿真模拟（图 1-4-34、图 1-4-35），对施工方案进行分析和优化，提前发现问题，提高施工方案的可行性、合理性、经济性。

图 1-4-34　砌筑砖胎膜仿真模拟三维效果图

图 1-4-35　预制外墙安装仿真模拟三维效果图

8. 土建优化

利用 BIM 模型，对二次结构构造柱、抱框柱、腰梁等构造进行深化，通过合理优化，提升施工质量及施工效率，节约施工成本。利用 BIM 模型，根据铝模板深化图对标准层铝模板进行模拟试拼装，检查铝模板拆分合理性及是否存在拆分错误、尺寸错误、无法拼装的区域。

建立 BIM 爬架模型，对爬架的附墙位置、爬升动作等进行模拟（图 1-4-36），检验爬架在塔吊、电梯附墙位置能否合理避开。

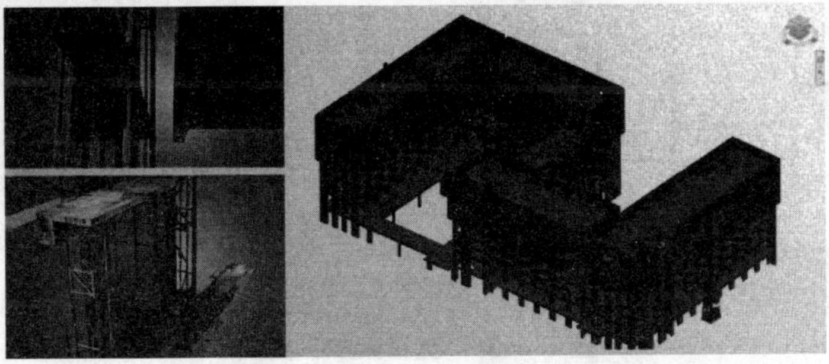

图 1-4-36　BIM 爬架模型三维效果图

9. 机电优化

在项目机电模型完成后，同项目机电部、管理单位机电负责人、BIM 咨询单位等开会确定管综原则及排布方式后，全面展开项目 BIM 管综深化设计，避免因各方意见不合导致的模型调整。

在调整管综过程中，在满足设计要求的情况下，尽量提高净高空间，满足设备安装及检修空间要求，如图 1-4-37 所示。

图 1-4-37　机电优化三维效果图

根据设计院净高要求表，对楼层各区域进行净高分析，用不同颜色填充代表不同净高区域。对项目重点区域进行净高优化，将可用空间尽可能提高。对不满足净高要求的区域，支持设计院进行设计调整。

10. 支吊架优化

将调整后的机电管综模型，结合土建模型，制作项目成品支吊架，导出支吊架加工图纸，用于工厂加工下料及现场安装指导，如图 1-4-38 所示。通过该工作流程，加快了支吊架的设计、加工与安装速度。

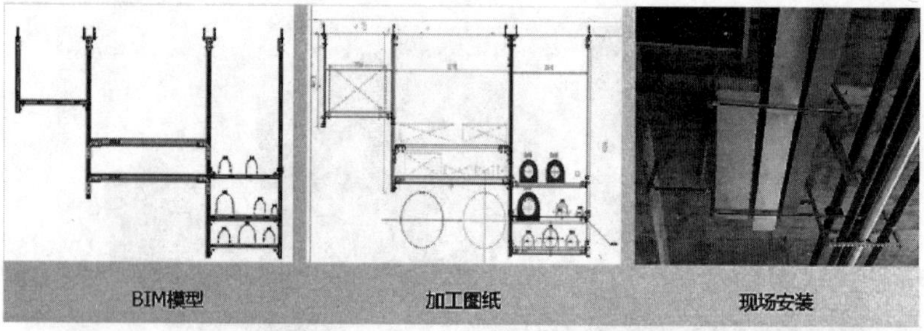

图 1-4-38　支吊架加工图纸

11. 深化出图

管综模型完成审核后，由模型生成无错深化后的图纸，根据出图规范，进行标注，导出各专业二维图纸，发送给设计院、BIM 咨询单位、管理单位等进行成果线上报审。最终通过审核的图纸交给施工班组，由班组按图施工。该工作流程，保障了图模一致性，实现了通过 BIM 模型指导施工的落地目标。

12. 施工配合优化

经过总体策划，为保证项目总体工期，建立了市政 BIM 模型，不仅可以提前发现道路、堆场下的市政管道、化粪池、雨污井、隔油池、医用污水处理系统等专业施工配合与工作面衔接问题，还可以提醒现场提前进行预留预埋，明确各专业工作面配合的责任与要求，减少由配合问题产生的返工和浪费现象。

13. 预制构件深化

混凝土预制构件，即 PC 构件设计流程如图 1-4-39 所示。

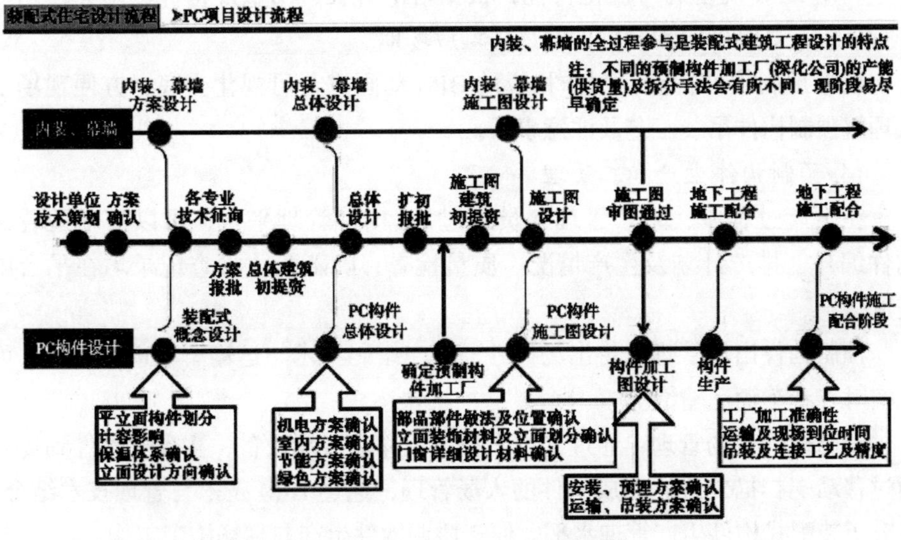

图 1-4-39 PC 构件设计流程

在项目初期，利用 Revit 建立宿舍楼 BIM 模型，然后利用插件对模型进行快速拆分，同时对构件上的洞口、线盒等进行快速布置，提升了预制构件的设计能力与设计质量。

利用 BIM 模型，对构件进行编号、出图，同时生成构件统计表，对构件的钢筋质量、数量、体积等进行快速统计，提升了预制加工厂的配料工作效率及成本统计的工作效率。

装配式构件分布及数量统计如图 1-4-40 所示。

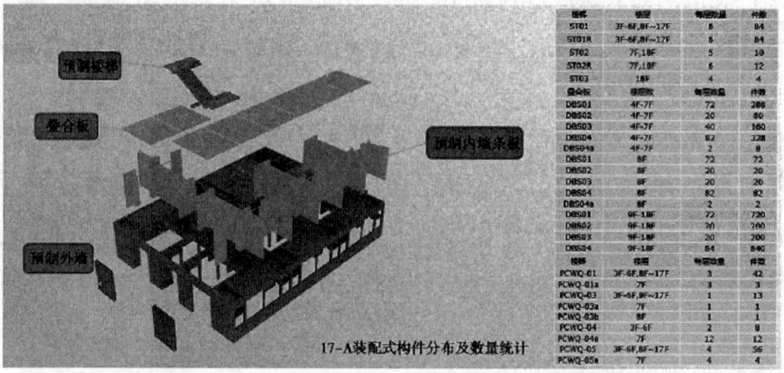

图 1-4-40　装配式构件分布及数量统计

利用 BIM 模型的可视化特性，根据塔吊臂长、吊重及构件场内运输路线进行分析，最终确定预制构件的最佳堆放场地。

根据预制构件特点，制作相应的 BIM 动画进行可视化交底，方便现场工人理解预制构件吊装工艺及注意事项。

14. 预制构件生产加工管理

在生产过程中，生产管理人员通过 PC 构件管理平台，可以清晰地看到构件编号、排产计划及生产情况。质量检查、隐蔽验收检查记录均在平台中完成。

预制构件出场管理：将出场构件通过二维码技术与运输车辆进行绑定，可以实时查看车辆运输情况。

预制构件入场管理：通过二维码技术及移动智能设备，实现了构件到场后通过移动端扫描二维码完成构件的入场管理，通过 BIM 技术与管理技术结合，提升了装配式构件生产管理水平，便于协调构件生产与现场施工工作。

15. 精装深化

在精装深化过程中，装修单位结合电气末端模型精确定位，优化了装饰面砖排布，提升了精装深化技术水平及质量。

根据室内精装图纸建立装饰 BIM 模型，对主要位置进行装修效果模拟，既可以提前确定大量精装定位细节问题，提升装修品质，又可以方便业主对装饰风格、材料选型、色调搭配进行对比，验证天花布置、机电末端设施定位合理性，评判装修档次，加快装修方案的定版，如图 1-4-41、图 1-4-42 所示。

图 1-4-41 自习室 BIM 模型（左）和自习室效果图（右）

图 1-4-42 阶梯教室 BIM 模型（左）和阶梯教室效果图（右）

16. 穿插施工模拟

利用 BIM 技术进行穿插施工方案模拟，优化了穿插施工方案，缩短了施工工期。

17. 智慧工地

BIM 技术与智慧工地平台相结合，通过工地现场的摄像头、传感器及物联网，提升了施工现场安全监控的智能化水平。

18. 无人机应用

运用无人机技术，对整个项目任意建筑局部范围进行高清拍摄。航拍照片和视频可以作为重要的资料辅助项目进度汇报管理；同时，利用软件合成三维实体模型，导入 BIM 软件中与实际建筑进行比对。

第二章　建筑供应链及其合作关系管理研究

本章主要介绍了建筑供应链及其协同管理、建筑供应链风险与控制、建筑供应链合作关系管理三方面内容。

第一节　建筑供应链及其协同管理

一、建筑供应链

（一）建筑供应链的特征

实际上，建筑业就是一个根据企业订单情况进行建设的供应链。因此，建筑供应链具有以下三种特性：

第一，集中性。主要表现在施工现场的集中性。建筑企业与制造业不同，制造业的施工现场大都集中在工厂内，而建筑企业的施工现场除了所需施工的构筑物、施工所需的机械设备，以及施工必需的原材料外，还要配置相应的货物及设备存放仓库，并且要有专人负责看管和记录货物及设备的入库和出库。

第二，临时性。建筑建筑企业的项目实际上是一次性完成的，因为从项目开始直到完成，所用耗材和原料是一次性使用的，当开始下一个新的项目时，所需的原料和耗材及机械设备都需要重新购置。甚至连建筑企业和项目管理负责人员及施工人员都需要重新组建。建筑企业的这一临时性特点使建筑供应链具有脆弱性和易损性，从而导致建筑供应链运作起来难度加大。

第三，复杂性。建筑施工的复杂性主要体现为施工周期长、施工规模大、经历的阶段多、不确定因素多、参与者多、潜在风险因素多等，这一复杂性也成为建筑供应链管理的难点。

（二）建筑供应链的构成

建筑供应链的构成有广义和狭义之分。从狭义角度来看，建筑供应链的构成包括从业主获取土地开始，承包商施工直到竣工验收、房屋销售所涉及的业主、设计方、供货方、承包方、使用方。从广义角度考虑，建筑企业供应链的构成包括以下 8 个方面。

1. 项目建议书阶段

项目建议书阶段是指拟定项目的立项申请报告阶段，项目建议书可以看作业主提出对拟建项目总体框架的一种设想。拟定项目的立项申请报告不是业主凭空想象后就开始决策的，而是其通过自身的市场敏感度，进行市场调研后做出的，市场调研的内容主要包括当地政策、经济发展、项目拟建区域的人口经济发展状况等。业主在对众多因素进行综合考虑后，结合自己的拿地经验，拟定项目立项申请书。

2. 项目可行性研究阶段

项目建议书阶段之后就是项目可行性研究阶段，这一阶段是通过调查研究多种影响因素，从而对项目的可行性进行分析。具体来说，需要考虑的因素包括：一是土地市场供应、库存、平均价格；二是项目区住房市场价格走势和竞争对手状况；三是区域土壤质量。结合这些因素，设计各种产品组合方案，计算每个方案的经济指标，确定最满意的方案。对产品进行定位和经济计算后，确定项目的可行性。

3. 设计阶段

经过项目可行性研究阶段，确定了项目实施的可行性后，进入设计阶段，该阶段又分为三个子阶段，即初步设计阶段、扩大初步设计阶段和建筑图纸设计阶段。必须要注意，在设计阶段，应使用估计预算指标和估计预算分配将设计预算限制在投资估计的范围内。在设计过程中，还要考虑土地勘察的情况和后期工程的可操作性和使用者舒适度，以便设计合理的布局和东线。

4. 招投标阶段

项目的设计阶段完成后，进入招标阶段，在此阶段，业主招标可采用两种方式：一是自行招标；二是委托相关咨询机构代理招标。招标的过程一般包括公布资格预审公告和招标公告、发售招标书、投标、开标、评标（可分为商务标和技术标）、定标。其中，评标的方法分为两种，即最低总价法和综合评价法。招标完成后，业主与中标人签订施工合同，自此投标有效期结束。

5. 施工阶段

招标完成后，施工阶段开始。这一阶段的参与者包括项目承包商、分包商、材料和设备供应商及业主。其中，业主为施工阶段提供相应的资金。施工阶段的成本占项目整个生命周期的60%～70%，施工成本、质量和工期对整个行业具有十分重要的影响，因此施工阶段的合理运行非常重要。

6. 竣工验收阶段

在竣工验收阶段，可以整体竣工验收，或者对单个项目竣工验收。一般而言，业主、设计师、咨询顾问、监理师和施工人员在竣工验收时必须到场，竣工验收通过后，施工方将工程移交给业主，但保修期仍需承担责任。

7. 使用和维护阶段

指建筑房屋销售给使用者之后，使用者在房屋使用过程中，若发生质量问题，在保修期内，若是施工方原因导致的，则施工方要无条件进行修理，这是施工方在保修期内的责任。

8. 项目拆除阶段

当房屋使用期满的时候，需要拆除重建。此时，就需要建设单位对建设用地上的房屋及房屋所有者进行拆迁安置，并视情况，按照一定的标准对房屋所有者进行补偿。

二、基于 BIM 的建筑供应链协同管理

（一）建设工程与团队管理

1. 建设工程管理

一般而言，建设工程项目是指为了特定目标而进行的投资建设活动。建设工程管理是一个专业术语，其内涵涉及工程项目的全过程管理，即包括开发管理、项目管理和设施管理，涉及投资方、开发方、设计方、施工方、供货方和设备管理方等参与方，建设工程管理的核心任务是为工程建设增值。信息处理与项目实施有着紧密的联系，项目信息的动态控制是项目实施过程中的重要内容。

2. 建设工程项目的团队管理

建筑业在很大程度上被认为是一个“团队”性行业，通常称建设工程项目的业主、咨询顾问及建造者的集成代表等为“项目团队”。理想团队的特征主要表现如下：统一聚焦共同目标；相互依存关系、相互负责制和形成合力。这

些特征比较难以实现，需要较长时间，必须通过其成员培养团队全体成员的集体意识、谈判和塑造决心以应对需求或挑战等加以实现。因此，这一承诺建设过程最终导致社会契约的建立，以约束组织全体成员。在这种情况下，有效的团队将他们的共同目标转化为具体的绩效目标和对象，定期评估他们应对目标的联合绩效，通过成员间的交互影响不断压实组织成员的责任，最终实现集成效应。

（二）BIM 成熟度与跨组织信息交流模型

BIM 对改善和提升建设工程项目的跨组织协同管理具有重要作用。从 BIM 的应用与发展水平来讲，在 BIM 的不同发展阶段和时期，建设工程项目参与方对 BIM 知识的理解也是动态变化的，势必影响参与方的网络结构与激励模式。在项目管理角度上，通常用“成熟度”来衡量此种变化。BIM 成熟度与项目信息交流模型对于研究建设工程项目协同管理动态演化与关键要素的影响具有重要的意义，成为研究参与方网络结构下 BIM 知识扩散和技术协同的必要条件。

1. BIM 的成熟度

成熟度是指管理的能力到达某种规定要求的状态，这种状态能够保证顺利地实现组织目标，是反映成熟的一种度量，表示在发展过程中不断充实和改善供应链战略成功实施的能力。成熟度模型是为描述如何提高或获得某些期待物（如能力）而定义的一种过程框架，因此成熟度模型是一整套的科学体系和方法，它表征的是一个组织项目管理能力从低级向高级发展、项目实施的成功率不断得到提高的过程。

BIM 作为一种框架和管理技术，其成熟度是描述一个工程在 BIM 应用过程中由简单、初级和不成熟的状态到流程化、制度化、集成化和成熟的状态所经历的阶段。从目前的研究成果来看，主要有以下三种 BIM 成熟度模型：

（1）BIM 能力成熟度模型

美国建筑师协会在 NBIMS 中用能力成熟度模型（CMM）来度量 BIM 在项目中应用的成熟度水平，提供了一套以项目生命周期信息交换和使用为核心的可以量化的 BIM 评价体系，即 BIM 能力成熟度模型。BIM 能力成熟度模型选择了 11 个指标要素进行详细描述，指标集中于数据丰富度、信息交换、图形信息、空间能力等方面，然后对每个指标制定不同的等级，横轴上是对 BIM 方法和过程进行量化评价的 11 个要素，纵轴上把每个要素划分成 10 级不同的成熟度。

（2）Succar BIM 成熟度模型

BIM 的成熟度由包含组织、项目和行业在内的利益相关者逐步和持续应用的一系列阶段组成，每个阶段再进一步细分为步骤，阶段和步骤区别在于，随着步骤的增加，阶段将发生变革或激进性的变化。

（3）B1S BIM 成熟度模型

随着 BIM 的不断发展，不同企业采取 BIM 系统和技术的速度及发展水平参差不齐，而且 BIM 的应用过程是一个通过管理实现的、随着内部组织与外部供求界面变化的过程。基于以上认识，英国商业、创新与技能部（BIS）提出了 BIS BIM 成熟度模型。该模型将 BIM 应用水平定义为 BIM Level 0 ～ BIM Level 3 四级。

2. 跨组织信息交流模型

为了应对 BIM 给建筑业带来的诸多挑战，需要建筑、设计、施工和运营等利益相关者的共同努力，BIM 的应用涉及政策、流程和技术等三个相关领域，据此可以确定 BIM 应用的多个阶段，划分相应的 BIM 成熟度阶段。

依据建设工程项目不同生命周期阶段的活动与任务和跨组织实体间的信息流（项目参与主体间的信息共享与交流情况），可以将 BIM 成熟度划分为 Pre-BIM 阶段、BIM1 阶段、BIM2 阶段和 BIM3 阶段四个层次，从而建立了不同 BIM 成熟度下跨组织信息交流模型。

（1）Pre-BIM 阶段

在这一阶段，BIM 在建设工程项目中的应用能力相对较低，其中大部分仍采用传统的施工模式，并广泛使用 CAD 软件。在软件开发公司的大力营销下，也出现了少数早期的 BIM 采用者。第一级实体包括“铁三角”参与者，如所有者、设计师和总承包商。政府和第三方负责监督建设工程项目参与者的相关任务和行为。每个二级实体都连接相应的一级实体。在信息交换和共享方面，实体之间的信息流动相对单一和明确。在建设工程项目生命周期的不同阶段，项目信息以“抛墙”的方式传输，信息分散，形成“信息孤岛”，建设工程项目生产效率低下。

（2）BIM1 阶段

在这一阶段，BIM 有效地应用于设计方，信息最初由设计人员在不同部门之间进行共享，实现了 BIM 的协作设计，但其他参与者仍然使用传统的软件应用方法。在建设工程项目的不同阶段，项目数据在一定程度上实现了数据交换，但在此数据交换和过程中，由于国际金融公司标准与不同应用软件接口之间没有行业标准，数据交换接口不兼容，导致部分项目数据丢失。

（3）B1M2 阶段

在这一阶段，BIM 的应用能力进一步增强，除了设计方外，逐渐涵盖“铁三角”的另外两方，即业主、施工总承包方。在施工阶段，BIM 模型被广泛应用，各项目参与者之间开始进行一定程度的信息共享，设计阶段与预制构件生产阶段间实现了数据交互，不同 BIM 软件间的互操作性增强。但在施工与运营阶段，使用方参与性较小，仍存在一定信息交流障碍，无法实现数据的交互。

（4）BIM3 阶段

在这一阶段，所有实体都实现了 BIM 模型共享，BIM 的应用达到了理想状态。可以预测，为了有效提高建设工程项目的绩效，参与建设工程项目的各方必须改变传统的“跨越障碍”的松散协作方式，并致力于不同组织（如 BIM）之间的创新，从而实现各方流程、组织及信息的进一步集成。

第二节 建筑供应链风险与控制

一、建筑供应链风险

（一）建筑供应链风险的表现形式

建筑供应链风险是什么呢？为什么会存在风险？风险会产生消极的影响。在一条供应链当中，大家相互合作，各自分工，共同完成这一链条的最终目标，但是各个部门又是各自为政的，每个参与方都有各自的盈利目标，一旦一方甚至是一个小小的环节出现问题，都有可能给整个链条上的其他参与方带来消极的影响。这种情况下，要想降低企业供应链的风险，就需要在源头上遏制这种风险的发生，首先要识别每个参与方甚至单独的部门、单独的环节可能存在的风险，将这每个单独的风险重视起来，在风险没有发生的时候就采取积极的预防措施和防控措施，从源头扼杀，另外，参与方和参与方之间的节点关系也要重视，要预防节点上的风险。

以上放到建筑企业上来说同样适用，一个建筑的完成，它的环境、成本、安全、工期和质量等都是关键因素，这些会由不同参与方来单独或者合作完成，这种情况下，要想按时、保质保量完成工程，就需要在每个环节严格把关，预防链条上的各种风险。

先从分包商来说，分包商负责工程的施工阶段，是非常重要的一个环节，分包商需要出具施工方案，再根据施工方案按期完工。这其中，他的经验、技术、组织管理和信用等就是影响工程工期、成本、质量的关键因素，所以要严格把关，保证工程施工的每个环节正常进行。

再从工程的材料和设备方面来讲，建筑材料和设备的好坏至关重要，是工程质量能否达标的主要影响因素。材料设备供应商能不能提供高质量的材料，同时能不能按时提供材料等，这些都是施工过程中潜在的风险。因此，一定要选择信用良好的供应商。

最后从资金链条来讲，工程的资金一般都是从银行等金融机构融资而来的。银行本身存在一定的金融风险，如果金融市场发生变动，导致金融放贷率上下波动，势必会影响工程单位在金融机构的融资抵押物，如果不能及时还上贷款，工程单位还会面临破产清算的局面。

（二）建筑供应链风险的识别方法

建筑供应链识别风险的方法为定性分析法，建筑供应链上的企业不仅需要识别自身存在的风险，还需要宏观布局，识别整个供应链上的风险，将供应链的网络结构划分清晰，思考整个链条上的节点风险和合作风险。

随着技术的发展，企业识别风险的方法也越来越多，这里简单介绍五种常用的风险识别方法。

第一，专家访谈法。工程开始之前，需要邀请一些经验丰富、专业技术强的专家或者工程师、技术人员等亲临现场考察情况，先将一些会导致工程失败的因素找出来，分析原因，提前预防风险，减少一定的损失。

第二，因果分析法。因果分析法是先画一条直线，然后将所有的单位企业按照施工的先后顺序排到线条上，业主、材料设备供应商等属于链条的上游，施工单位、验收单位等属于链条的下游，这样从链条的上游到下游，工程建设过程中每一个企业、每一个环节、每一个节点的潜在的风险就会清清楚楚地展示出来，由此我们既能从大局上识别风险，也能从小点上找到风险。由于每个环节就像插在鱼骨上的鱼刺，因此这种方法也被形象地称为鱼骨图法。

第三，风险问卷法。风险问卷法首先需要设置调查的问题，问题采用单选、多选、简答意见等方式，然后将设置好的问卷出示给各个部门环节，集思广益，征集大家的意见。建筑企业风险调查问卷的设计可以从一些失败的项目案例出发，调查关系项目的财务风险、决策风险、组织管理风险和沟通风险等，同时也要关注资金流、物流、信息流的各种节点风险及链条上的系统性风险，将产生的风险一网打尽。风险问卷法的问卷要设计合理，问卷调查对象和问卷的回收也要设计好，这样一个高质量的问卷调查能帮忙排除更加全面的风险。

第四，财务报表法。财务报表法比较直接快捷，因为链条上的每个环节都涉及资金的流转，所以一旦发生风险，首先会反映在企业的财务资料上。企业可以借助财务报表分析财务的流动，透过资金的流动来识别风险的发生，总投资现金流量表、资本金现金流量表、投资各方现金流量表、资产负债表等都是需要重点关注的对象，如果这些资金出现异常，那么有可能风险就出现在这个节点上。

第五，检测表法。检测表其实也是一种经验的学习，在工程开工之前可以先对照一个各方面都比较相似的已经完工的项目，根据这个项目的资金实力情况、公司运营情况、项目本身地质水文状况、勘察资料、周边环境、市场状况等各方面所出现的风险，制成一个表格，类比与待开工工程相似的点，找出潜在风险，同时学习这个项目的成功经验，就能少走很多弯路，节省更多成本。

（三）建筑供应链风险的识别因素

影响事物发展的原因主要包括内因和外因，同样道理，影响供应链风险的也分为外部环境因素和内部系统因素，即为系统外风险和系统内风险。系统外风险因素主要分为自然风险、经济风险、市场风险三大类。系统内风险分为技术风险、管理风险、供应风险、需求风险、运作风险、财务风险、信息风险七大类。

1. 系统外风险

系统外风险是指建筑企业供应链外部环境所致的风险。

（1）自然风险

自然风险是不可控的，建筑行业需要野外作业，受自然环境的影响是不可避免的。建筑行业的自然风险又可从气候方面和自然灾害方面进行划分。在气候方面，夏季天气高温，工程施工人员会有中暑的危险，因此在高温天气就需要采取防暑中暑的措施，同时发放高温补贴，严重时需要避开高温作业。另外夏季多雨，尤其是南方的梅雨季节会连续两三个月多雨潮湿，一旦下雨，势必会延误工期，同时也需要采取防雨措施，保护器材设备，无形中就会影响施工进度和难度。此外，冬季气温过低也不利于施工，混凝土施工温度一般不得低于5℃。在自然灾害方面，比如火灾、地震、洪涝等也会影响工程。

（2）经济风险

工程项目需要资金运转，一旦国家的公共政策或者金融市场有所变动，如国家调节利率、体制改革、通货膨胀等给资金带来影响，也会波及项目的进行。经济风险包括利率风险、汇率风险、通货膨胀风险等。

①利率风险。利率波动对工程融资的影响是直接和重要的，而银行利率的变动受到外部环境变化的直接影响。利率如果出现波动且比较严重，施工企业、业主和融资者都会受到一定影响。融资的变化导致现金流量的变化，如果成本过高则会造成非常严重的影响，比如资金链断裂。

②汇率风险。受经济全球化的影响，我国的外汇汇率会发生变化，汇率如果发生变化则会使项目企业在材料购买方面处于被动地位，材料的进出口费用和盈亏难以估计，往往会带来极大的风险。因此项目企业要及时关注国际收支及外汇储备、利率、通货膨胀或者政治局势的变化，以防汇率变动带来的风险。

③通货膨胀风险。通货膨胀一般会引起物价普遍上涨、生活成本增加、居民的购买力下降，从而导致居民对房子等的需求下降，使社会处于买方市场，不利于建筑单位的经营，同时物价上涨，建筑物的各种原材料、设备甚至人工等的成本也会上涨，这些费用是建筑成本中的重要一环，甚至占据工程总成本的70%，无形中增加了整个项目的成本，给项目企业增加负担。

（3）市场风险

建筑行业的运作是以市场需求为导向的，当社会发展稳定、金融市场一片向好时，居民的购房需求也会增加，这对建筑市场是利好的。但是当社会发展不稳定，金融市场动荡，甚至出现通货膨胀危机时，居民的房屋购买需求就会下降，不利于建筑单位的经营。另外，消费者的偏好和承受能力、替代品互补品的价格也会对需求产生影响，因此这会给建筑单位的经营带来不可预测的风险。

2. 系统内风险

系统内风险即为内部风险，供应链上的任一环节出现问题，都会对整个供应链造成不可预估的风险。另外，每个供应链上的企业都是相互连结、互相合作的关系，任一企业出现问题，都会波及相邻的企业。例如，业主的资金供应会影响到承包方、供货方的运营，承包方的施工结果会影响使用者的使用，业主、设计方、咨询方、监理方、承包方、分包方、供货方、使用者之间相互合作、相互依存，因此需要每一个环节都要及时识别风险，防止风险造成的损失。

（1）技术风险

技术风险即在供应链中由技术应用造成的风险，包括四个方面。

①可行性研究不深入。在进行项目施工前，需要对项目的各方面做一个评估，例如技术可靠性、安全达标性、盈利合理性等，需要评估的项目有很多，研究的内容总共包含 18 大项，虽然一个项目前期可能投入的成本较少，约占总成本的 5%，但是这 5% 甚至会影响到中后期甚至 90% 的进度，所以进行前期的研究评估非常重要，这就要求可行性研究报告内容齐全、数据准确，要运用多种科学手段对项目进行科学的论证。

②施工技术方案不合理。在施工前，项目的负责人会根据要求和现场的实地考察，制订施工技术方案等，施工技术方案制订完成后，后期的施工队伍就会根据施工技术方案制订具体的实施方案，然后再进行施工，因此施工技术方案的合理性会直接影响后期的工程进度，如果施工技术方案不合理，会影响技术人员的作业，进而影响后面的工期、降低质量、增加成本等，因此施工技术方案的制订一定要科学谨慎，施工技术方案设计完后还要进行审核，确保质量。

③设计不符合实际施工条件。设计阶段分为初步设计、技术设计和建筑施工图纸设计。设计预算的编制以项目成本管理机构发布的项目评价标准为基础，合理的项目总投资额根据工程咨询企业的相关信息和劳动力、材料、机械市场价格确定。设计阶段设计概算和限额设计能够从源头上降低工程成本。设计单位会根据前期的勘察资料来设计方案，因此要求设计人员经验丰富、专业水平高。如果设计方案和现实情况不符，就需要重新改进方案，这样会增加工程量，耽误工期，增加工程成本。

④专业技术人员缺乏。专业技术人员的质量优劣和数量多寡也直接影响项目成败。专业人员的数量足够则无形中会降低风险发生的概率，同时如果人员数量不足会直接产生风险。例如，设计人员专业性不足，设计的方案没有充分考虑施工的现场难度和可操作性，就会加大施工的难度；投资拿地人员不够专业，选择的地块有隐患的话会直接影响后面的设计施工；施工组织管理人员、监理人员等不够专业，直接影响三大目标的实现；评标专家在评标过程中如果出现失误，选择不够专业的承包方也会影响后期施工。

（2）管理风险

管理风险是指供应链上由管理控制不到位造成的风险。

①沟通障碍。人与人的关系都是通过语言沟通起来的，要想了解对方的意图需要双方的沟通，但是在沟通过程中如果出现语焉不详、沟通不及时、理解不到位等，则可能会使沟通失败，这在建筑行业则可能发生不可预估的损失。在建筑供应链条上，上下游的沟通十分关键，信息的发送者经验不足，有沟通障碍会影响后续接收者的理解，同时在沟通传递的过程中如果出现障碍，则也会造成沟通的失败，尤其是供应链的环节过多，每个层级都需要将信息传达到，那么有可能在传递的过程中出现失误而造成风险。同时链条的下游如果对传递的信息理解有误，曲解信息，或者组织内部沟通不畅则也会产生沟通的风险，最终导致链条的损失。

②供应链成员企业不守信用。信用是影响项目成功的一个重要因素，供应链的每个环节不管是设计单位，还是承包商、材料供应商等出现失信的行为都会影响项目的进行。例如，建设单位未按照约定时间提供场地，设计单位未按约定时间及时提供图纸，承包商不按要求缴纳履约保证金，材料供应商未按约定提供材料设备等都会导致各个环节的企业名誉受损，各方难以对对方产生信任感，则会影响整个供应链的有效运行。

③质量管理不当。质量是严要求，如果施工的过程中，施工方偷工减料，没有按照质量要求来施工则会使工程不达标，造成工程的质量安全，威胁使用者的利益，同时，如果质检阶段检测出质量问题要求返工则会延误工期，加大成本，给建设单位造成损失。

（3）供应风险

供应风险主要包括供应中断风险、供应延迟风险、供应产品不符合质量要求等。

①供应中断风险。如果供应商这一环节出现问题则会产生不可估量的风险。比如说供应商失信，未能及时交付材料或者设备，会直接耽误工期，供应商的资金链条突然断裂，导致无法正常运转，也会延误材料的交付耽误工期，或者说供应商违反违反国家法律法规失去政治权利和人身自由、失去相应的供应能力等也必然会耽误工程的进行。另外如果供应商及时交付材料和设备，但是货物的质量和技术未能达到要求，也会影响工程。同时像施工方的违约等导致供应中断风险，更加会使工程进度雪上加霜。

②供应延迟风险。供应延迟风险是由于某些因素导致供货方不能及时提供

材料和设备，设计单位不能及时提供设计方案，物流方面因为天气或者其他原因不能及时运送货物等会耽误工期，造成延迟。

③供应产品不符合质量要求。若提供的货物质量不达标或者数量不够则需要返工整改，若在施工的过程中发现新的问题，需要更高质量的材料，但是设备的技术要求又达不到，则需要重新购买设备或者改进设备。这都会对工程建设造成负担。

（4）需求风险

需求风险分为需求中断风险和需求延迟风险两种。

①需求中断风险。需求中断风险是指由不可抗因素，如国家政策、通货膨胀或者自然灾害等不可预估的外部环境造成的对某种产品的需求产生中断的风险。

②需求延迟风险。在建筑供应链当中，设计单位不能及时给出方案设计，或者施工方的组织能力不足、施工技术落后等不能及时达到施工结果，或者制造商的市场反应灵敏度较低，不能及时发现市场的需求，或者供应链的各个环节沟通出现障碍等都会导致需求延迟风险。

（5）运作风险

运作风险包括运作中断和运作延迟两种表现形式。

①运作中断的原因很多，分为自然原因和社会原因。自然原因，如地震、洪涝、火灾、泥石流、暴雨等会导致施工中断；社会原因，如单位的法律纠纷、员工的利益得不到满足而进行员工罢工等，或者管理因素会导致施工中断。

②运作延迟也受多种因素的影响，同时这种影响也是十分严重的，供应链上的每一个环节出现问题，都会影响下一环节的进行，甚至会影响上一环节的运行，如信息流通不及时、沟通出现障碍、货物供应商出现问题不能及时供货或者资金链条断裂都会影响工期的延迟，增加运营成本。

（6）财务风险

①融资风险。一个项目要想正常运行，资金是基础。对于建筑行业来说，一个项目可能需要上千万、上亿的资金来运转，这笔庞大的资金就需要找银行的金融机构来进行融资，但是由于市场的变化和国家政策的出台，房地产行业近年来受到的政策束缚加大，甚至国家明令禁止银行贷款给建筑开发商，这就导致开发商没有渠道融资，受到的打击是毁灭性的。开发商不得不寻求其他融资渠道，如果其他渠道的融资成本过高，则会直接影响项目的成本，因此需要开发商谨慎选择融资渠道，降低融资风险。

②投标风险。房地产行业在某些时期属于暴利行业，因此会有更多的投资商进入这个行业，有利益就会有竞争，随着建筑行业的发展，这种竞争只会越来越激烈，尤其是招投标的时候，各个投标方会想方设法中标，有的不免会存在恶意竞争，如压低价格，甚至串标，而当投标商中标之后，他必定会为了抵消损失，获得盈利，制造机会降低成本，最终还是会波及建设单位。

③资金回收风险。项目工程完成后需要业主结清工程款项，但是如果业主不能及时履行责任，拖欠工程款，那么势必会给建设单位造成损失，使其账面上出现坏账，最终导致建设单位资金回收受到影响，甚至有可能因为资金链断裂而破产。

（7）信息风险

①信息传递失真。供应链上的环节很多，每个环节都要经手传递一次信息，这样在传递的过程中不免会产生传递的错误，导致传递的信息失真。

②信息传递不及时。现代信息瞬息万变，这个月的事情或者信息在下个月可能就会出现变化，因此信息的传递一定要及时，这在建筑行业尤为重要。信息的传递分为内部信息传递和外部信息传递，每个环节都要收集自己的信息来进行传递共享，例如供货方接收信息供应材料设备，这些信息都需要传递共享。外部信息传递则受到外部环境的影响，例如市场调查者需要调查市场的需求以此来制订建筑方案，这是需求的外部影响。因此这就要求信息的传递一定要及时，不能耽误决策者的决策制定，否则会影响后期的环节进行。

③信息反馈错误。如果信息收集者不够专业，收集上来的信息是错误的，那么反馈回来的信息也一定是错误的，错误的信息传递给供应链的各个环节，一定会造成决策或者运行的错误，进而反馈到项目运行上会造成一定的损失。

二、建筑供应链风险控制策略

（一）构建供应链风险管理体系

1. 资金供应链风险控制策略

项目的运行需要资金，资金的来源大部分是银行的融资资金，除此之外，也有一部分是自有资金和销售回款。在这种情况下，建设单位的资金运转其实是很被动的，如果金融市场发生变动，利率发生变化，那么会影响单位在银行的融资情况。另外，如果国家实行紧缩的政策，那么就会导致市场需求减少，贷款利率上升。在这种情况下，销售市场也会萎靡不振，或者不能及时得到销售回款，建设单位就会出现资金链断裂的危险。同时，资金短缺，不能及时提供材料购买资金，施工方的款项也没办法支付，势必会导致项目的中断，进而带来一系列负面影响。

因此，资金供应链风险的控制尤为重要，具体可从以下方面入手。

第一，国家要尽量稳定银行贷款利率，维护市场稳定，给建筑市场创造一个良好的融资环境；建设单位在进行项目开展之前，要做好可行性调查，制作可行性研究报告，对贷款利率的风险进行估算，提前做好防护措施。

第二，采用多种渠道融资。银行融资也是存在风险的，鸡蛋不能同时放在一个篮子里，所以需要拓展多渠道的融资方式，分散融资的压力。在采用银行融资的同时，还可以采用股票融资、仓单质押、融资租赁、商业保理等融资方式，这样既能筹措到更多资金，也能降低风险。

第三，在与承包商签订合同时，要未雨绸缪，协商一定的结款宽限期，如果资金不足，可以商定由承包商先垫付一定资金，后期单位再补上，这样就能缓解一部分资金压力。

第四，主要是在国家层面，要实行稳定的市场政策，控制土地的供给面积，稳定市场供需，给市场各方提供一个良好的环境。

2. 材料设备供应链风险控制策略

供货方有义务为建设单位及时提供保质保量的材料和设备，但是供货商有时会因材料问题没有及时供货给建设单位带来工期延迟或者工程质量不达标等方面的风险。

因此，针对供应链此环节的风险，需要做到以下几点：

①双方在签订货物订购合同时，应明确一方违约要支付一定数额的违约金，违约金可以在合法的范围内定的高一些，在源头上扼杀一方违约的风险，降低违约风险发生的概率。

②要做好市场调查。建设单位在挑选供应商的时候要货比三家，实地考察供应商的实际情况，选择信誉良好的供应商，另外，在选择好供应商之后可在现场配备顾问，监督原材料、生产工艺、生产设备和半成品的质量，产品产出后，进行现场检查，不合格的要返修，同时，在货物保管运输环节也要专人检查，确保货物的质量。

3. 技术合作供应链风险控制策略

（1）可行性研究阶段

首先要对项目的地块进行实地考察，将可能发生的风险因素记录下来，比如对当地的经济发展水平、文化传统偏好，以及周边市场的竞品状况、自然地理位置、水文地理情况等进行统计调研，之后制作可行性报告，对各种情况进行合理的预估和评价，做好风险的预控。

（2）设计阶段

设计前期一定要先做好市场调研，设计单位需要与各个环节部门进行对接，了解各个阶段的实际情况，比如说材料的情况、施工可能遇到的困难、以及居住者的具体要求等，在整合这些信息后，再进行方案的设计。

（3）招投标阶段

要严格把关投标方的各个实际情况，投标方的情况关系到后期项目的成本、进度等问题，要考察好投标方的信誉度、公司的规模资质等。确定好中标单位后，在签订合同阶段要重视合同的细节和风险，各项条款和利益相关的细节都要协商清楚，避免后期出现问题。

（4）施工阶段

施工单位在施工之前，一定要制订科学的施工方案，对于方案的不合理性要及时要求整改，委派专门的技术人员或者专家现场监工，同时在工程验收的时候要严格审查施工的质量和安全，降低各种质量风险和安全风险。

（二）构建供应链风险管理预警机制

供应链风险管理预警机制，包括风险预警制度和风险预警系统。

（1）风险预警制度

风险预警制度分为多种制度，包括法律合同制度、信息提取制度、事后追踪预警制度、财务运营决策预警制度、违约救济制度、预测市场风险预警制度、国家政策导向预警制度等。风险预警制度的制定采用定量和定性分析相结合的方法，根据供应链条上的各个企业的运营情况，以及资本的管理情况，及时发现在链条正常运行的过程中出现的资金、技术、人力、材料等方面的早期风险预警，及时识别风险的程度、原因等，从而根据当时的情况做出风险的预防和处理。

（2）风险预警系统

风险预警系统是每个行业进行风险应对所必不可少的环节。不同的风险具有不确定的风险状态，需要根据风险的状态及发展趋势进行预测预防。

完善风险预警机制，需要对三个要素进行评估。

①预警阈值，即风险发生的最高限，当风险达到这个值的时候就会发出风险预警信号。

②风险量，即不确定的损失程度和损失发生的概率，可以建立风险预警模型、风险预测模型来测度。

③风险的状态，即风险现在所处的状态。

风险预警系统是全方位的预警系统，从风险计划、风险分析到风险应对每个环节都给出相应方案。风险预警的方法基于计算机实现，并以 MIS、DSS、ES 为特征。

风险预警系统要做到提前预防、提前控制，遵循主动控制、前馈控制、全面控制和全过程、全员控制的思想，增强各个企业的风险意识。

（三）加强供应链系统管理

在供应链这一整条链上，每个环节都息息相关，因此既应该从整体上统筹把握，又要从每个环节细节入手，不放过每一个阶段，从而在整体上减少风险的发生。

在项目立项阶段，根据业主的意向，做好项目建议书和可行性研究报告。可行性研究的调查内容包括市场的调查、厂址的选择、当地的经济水平、文化传统偏好、周边竞品市场的状况、社会的评价、环境的评价、材料供货商的选择等。当一切因素调查结束，就要做出可行性研究报告，报告需要深度和广度，论据要充分，市场调查要完整准确，这样做出的报告才能科学全面。

在招投标阶段，在招标前要严格把关招标商的信誉和实力，选择一个信誉良好、实力等级不错的投标商。在签订合同的阶段，要注意合同的细节，把容易引起争议的地方标明协商好，尤其是涉及资金和成本的细节要明码标价，防止后期发生索赔、扯皮的不良后果。

在设计阶段，要确保设计人员的专业性，同时也要考察设计人员的经验储备。设计人员不仅要经验丰富，同时还要具备清醒的头脑，要确保设计方案的科学性、可行性以及全面性。

施工阶段，这个阶段十分重要，是事故的多发阶段，同时涉及到的任务多且复杂，参与方也众多，因此这一阶段一定要确保每个参与方做好自身管理，同时互相监督，确保工程按时保质保量的完工。

在营销和客户维护阶段，要及时关注市场消费者的动态，了解消费者的消费点，及时对营销方案做出调整，同时也要吸取之前项目的经验教训，避免发生同样的错误，确保营销和维护有序进行。

总结起来，供应链的风险防范要做到有的放矢，根据每个阶段可能发生的风险及时做好预估和防范。供应链管理就像一个木桶，最短的那个板总是会拉低整个项目的水平，因此一定要及时补救短板，加强整体的风险管理。

第三节　建筑供应链合作关系管理

一、构建供应链合作关系的意义

（一）减少不确定因素

我们都知道企业本身的生产控制存在很多不确定因素，而实际上，企业与企业之间的不确定性因素要更多，比如，多个企业同服务于一个供应链时，如果企业之间缺少沟通与合作，企业需求的不确定性就会加大，并且会逐级扩大，信息扭曲、逐级放大就会造成所谓的“牛鞭效应”。从而给企业发展和供应链的运行带来巨大冲击。因此，构建供应链合作关系，使企业间通过合作以使很多不确定因素变得明朗，是非常重要的。

（二）加速响应市场

每个企业自身都存在着优势和劣势，企业间建立合作关系，互相取长补短，各自发挥各自的优势，通过对方的优势弥补自己的短处，可以增加各自的核心竞争力。只有加强企业间的合作，各企业才能在不断变化的市场环境中对市场的变化做出及时的反应，才能立足于商场经济发展的洪流中而不被淘汰。因此，通过建立供应链伙伴关系，整个供应链可以像整个企业一样运作，每个企业都有自己的核心优势。设计和制造新产品，使新产品能够快速响应市场。

（三）增强企业核心竞争力

供应链从整体角度考虑企业和产品的竞争力。通过加强这些核心优势，供需双方及每个节点的企业都能在整个供应链中获得有利的竞争力。

二、供应链合作关系的选择

合作关系的选择是决定长期稳定合作关系的关键，合作关系的选择主要体现在供应商在供应链管理中的选择上。对于制造商来说，供应商是供应链的合作伙伴。加强对供应商的选择和监督不仅可以帮助企业节约成本，提高产品质量，而且可以加快市场反应，提高生产灵活性和供应稳定性。因此，在选择供应商时，必须将其与传统市场中的交易者区分开来。这意味着，虽然不能只以价格为基准，但必须考虑到多种因素和长期合作的性质。从这个角度看，供应商的选择是一个战略过程。一般来说，供应商的选择对企业具有重要的战略意义。

三、建立供应链合作关系的步骤

（一）明确合作的战略地位

企业首先要评估供应链合作的潜在风险和收益，在权衡风险和收益的条件下，企业根据自身战略目标决定是否与供应商建立供应链合作关系。

（二）评价和选择合作关系

构建供应链合作的关键就是评价和选择合作关系。核心企业全面审查和衡量有意向合作的企业，根据自身情况制定评估标准，根据标准对意向合作企业进行评估，从而确定最佳合作企业，并根据相关标准继续调查合作企业，最后确定能否与拟合作企业发展成为长期合作的战略合作关系。

（三）合作开发

供应链中的各企业之间的合作在合作关系建立初期，应该充分发挥各自优势，互相利用对方优势弥补自身不足，从而提升各自的核心竞争力，而企业核心竞争力的提高，又可以带动整个供应链竞争力的提高。

（四）维持良好的合作关系

为了促进供应链的稳定和发展，合作双方应及时科学有效地评估双方之间的合作关系。评估使企业能够及时发现合作中的缺陷及供应链运作中相互协调的缺陷。

第三章　建筑企业协同管理及其信息化研究

本章主要介绍了建筑企业协同管理及其信息化研究，具体从建筑企业项目协同管理增值分析、建筑企业内外部供应链协同管理和建筑企业协同管理的信息化设计这三个方面进行了论述。

第一节　建筑企业项目协同管理增值分析

一、建筑施工企业价值链增值活动

价值链模型应用较广，在建筑施工企业中也得到了广泛运用，在建筑施工企业价值链模型的基础上，我们可以将基本价值链活动分为五个基本阶段，分别是项目启动、项目规划、项目施工、项目收尾和项目运营。除此之外，各种具体的基本活动关系着项目的实施，其中涉及项目工期管理、项目预算管理、项目质量管理、项目风险管理、项目采购管理、项目人力资源管理和项目信息管理这几部分。项目基本活动的作用主要体现在保证项目顺利实施进而使项目价值增值。

工程项目管理中包含众多活动，其中能起到增值效果的价值链活动具体包括如下内容。

（一）基本活动

1. 项目承揽

企业生产经营的可持续发展依赖于施工企业不断地承揽项目。事实上，企业生产经营的起点就是项目承揽，项目承揽与项目市场、项目施工、交付使用服务等活动不是毫无关系的，它们之间以法定合同化的规定密切相连。企业总体经营实力、企业公关、企业形象等诸多方面在项目市场激烈的竞争中承受着压力与考验。从某种意义上说，在最初的项目承揽环节中就已经暗暗决定了一个项目获得利润的多少，项目承揽会基于项目利润有的放矢。由此对企业提出了更高的要求，在项目承揽的过程当中，一方面要准确把握业主及客户的需求，另一方面要综合分析项目市场各种信息，合理利用可利用资源，由此来制订项目的实施方案，并对其切实可行性负责。

2. 项目交付及服务

按照相关法规的要求，对项目进行合同化交付，并且在此过程中提供良好的交付服务，这样再次进行项目承揽工作及经营活动就会变得更容易，同时企业在此过程中也能得到声誉。建筑企业价值链是由多种活动构成的，但严格意义上来说，是不包括市场销售及外部后勤这两项活动的。建筑企业与一般的生产企业不同地方在于，它是在销售环节完成产品与市场的连接交换，建筑企业的“产品”一般是在施工现场生产和交付的，是符合合同强制性规定的合格项目，实现了“产品”项目的现场交换，因此，这也是建筑企业没有外部后勤的原因。

3. 内部后勤

内部后勤是项目施工过程中与原材料储运相关的内容，这一说法大致与波特描述的内容相似。它们之间的不同之处在于储备物稳定性较差，项目产品一般在施工现场生产，与在企业单位生产不同，具有一次性特点，这些原因都导致稳定性较差。在这种情况下，我们常常把该活动和辅助活动采购同步进行，在这个过程中为了实现降低成本的目的，也需要充分利用企业资源与市场资源。

4. 项目勘探、设计、施工

建筑企业创造价值的关键在于承揽项目的合同化工程总承包。在项目进行过程中，为了能够最大程度地利用企业内外资源，建筑企业可以将先进的勘探技术、设计技术、施工技术融入进来并加以合理运用，以此来降低企业成本，使项目管理水平得到有效提高，这也是实现企业利润的有效手段。

5. 项目监理

监理方一直都是很重要的角色，在建筑企业内也是同样如此，监理方在约束建筑产品价值流动的同时，也为企业提供合格的建筑“产品”，提供监督和保证服务。建筑企业价值链再造环节必须把如何处理好监理方与顾客的关系纳入考虑范围，相对来说，比较合适的选择就是借助顾客关系管理系统、决策支持系统等信息系统来使双方工作都能做到高效、低耗，达到节约时间和资金价值的目的。

（二）辅助活动

1. 财务管理

财务管理在建筑企业内的实施和在一般生产企业中的实施具有明显的差别，主要表现在核算的会计科目上，而且建筑施工项目也有其自身特点，建筑施工项目中的财务通常涉及比较大的现金流。因此提供财务决策支持和编制准确的财务报表是极其重要的，这是构建建筑企业价值链中的至关重要的一环。

2. 技术开发

建筑企业的技术开发和一般的生产企业没有太大的差别。需要说明的是，建筑企业获得高质量成品及成本优势的最有效的方法之一就是利用自己的或学习别的企业的先进施工技术、流程。

3. 人力资源管理

建筑企业要想减轻冗员包袱、降低施工成本需要科学合理地制订符合项目管理特点的企业内外人员结构，这对建筑企业而言不失为一种行之有效的举措。

4. 诚信文化

诚信文化在现代建筑企业文化中有着举足轻重的地位，是建筑企业增强市场竞争力的强有力保障，换句话来说，优秀的诚信文化具备强大的推动作用，尤其是对建筑企业来说，能在很大程度上推动建筑企业的价值链的提升。

5. 企业基础设施

建筑企业对信息有着很高的要求，这些高要求体现在不仅要整合企业内部资源，同时也需要整合市场资源，对市场中的各类信息资源进行综合分析和评估，在此基础上制定企业的相关方针和战略，其中涉及企业的基础管理、财务、发展战略、计划、质量保证等各方面，唯有如此，才能保证价值链的提升。

二、建筑企业价值链增值原理

建筑企业交付使用的“产品”是工程项目，建筑企业利润也是产自于其承包的施工项目，在工程项目的施工过程中直接发生产值，这是因为项目等同于生产一线。

企业的生产经营程序在大型建筑企业中具体表现：项目市场的形成以顾客需求为基础—建筑施工企业的项目承揽—项目施工—项目交付及服务—二次承揽项目，生产经营程序就是将这一过程不断地进行循环。物品具有交换价值，从某种层面上来说需要具备某种效用并且通过克服困难而取得。建筑工程项目的某个部分也可以利用物品的这一特点，建筑工程项目必须满足某种客观需要，这样才能具备相应的市场价值，客户期望的功能要求是与他们所付出的费用即投资水平相匹配的，举个例子来说，如果完工后交付时，项目的功能没有达到要求的标准，那么“产品”的价值就会受到影响，作为项目施工方是需要做出补偿的。所以，项目管理价值在建筑企业中的实现主要依赖于项目目标的实现。项目的收益即项目的价值，也依赖于项目目标的实现。对项目整体而言，项目目标的实现是最终项目价值实现的前提条件，只有实现了项目目标，才能获得整个项目的利润。在实际操作过程中，项目目标实现的测量不是由单一标准决定的，而是多个标准共同作用的结果。基于此，监理单位需要进行综合分析和评判来完成对项目目标实现的评价。功能和质量应各自作为独立的方面来体现项目价值。功能和质量的价值体现在时间上存在差异，在建筑项目完成，产品交付使用时，产品的功能就能即刻显现，但是产品的质量就需要一段时间的考量，而且，质量提升所带来的影响和价值也是需要时间的，它有一个逐步显现的过程。

施工建设产品有其自身特点，主要表现在一次性和寿命周期长这两方面，全寿命周期费用和投资效率受施工建设产品的质量和建设周期影响比较明显。当把建设项目当作系统来看时，时间就可以看成系统输入的某种特殊资源，而质量则可以看成对项目产品的满意度和接受度。具体来说，可以通过以下五种途径来提升施工建设产品的价值：①保持时间和费用不变，在项目的功能和质量上做文章，使其得到提升；②在时间和费用上都减少投入，需要保持项目的功能和质量水平不变；③在时间和费用上都减少投入，在项目的功能和质量上做文章，使其得到提高；④一方面在时间或者费用方面进行少量增加，另一方面，在项目的功能和质量方面大幅度提高；⑤在产品的功能和质量方面小幅度降低，但较大幅度地减少项目费用和时间的投入。

第二节 建筑企业内外部供应链协同管理

一、建筑企业内部供应链协同管理

建筑企业内部的作业活动主要包括设计、项目承揽、施工、服务等，共同构成了建筑企业内部供应链。建筑企业内部供应链协同管理分析主要可从以下几方面展开。

（一）投标管理价值网

投标准备、编写与递交标书、谈判与签订合同这四个阶段共同组成建筑企业的投标程序。建筑企业的投标程序具体操作如下：首先建筑企业需要收集符合建筑施工的招标信息，然后成立招标机构准备招标，评估哪些项目可能中标，选择这些中标概率大的项目，依据的就是内部和外部条件，由此获得投标资格。接下来，建筑企业需要在规定的时间范围内到指定地点去购买标书，购买到标书之后需要对标书逐字逐句地细读和分析；同时还要到施工现场进行实地考察，对关系到报价的各种资料进行整理，需要注意的是必须确保报价资料的正确无误；此外，还需要对工程的数目进行核对，确保数目没有出现差错，这样也会使报价准确性更高；接下来编制施工策划方案，评估施工过程中费用多少，制定施工预算，在施工预算中，也要把成本考虑在内；对投标环境和投标条件综合考察，制定相关策略，按流程规划投标进度；按照规定的格式填好报价单和标书，在相关部门办理投标担保手续；密封好标书，最后把标书送到相关单位。

从企业价值方面来说，投标管理过程是价值增值过程的一个重要环节，但是在这个过程中不会涉及产品实物的买卖，投标管理过程通常被视为建筑企业获得企业价值的第一步。投标管理流程的成本核算和估计等因素与随后的价值流有关。从某种意义上说，改进和优化投标管理具有十分重要的价值。

（二）施工设计价值网

建筑企业的业务众多，在业务进程中至关重要的一个环节就是施工设计。建筑企业的设计业务包含各种流程，而施工设计正是运行于各种流程之中。设计流程是设计项目管理的核心，同时设计流程也对项目的最后收益起着决定性的影响，因此，发挥信息技术基础上的供应链的协同作用是非常有必要的，在设计过程中，信息技术能够起到重要作用，比如说设计工作流的建模、分析、执行和优化等环节有了信息技术的辅助，不仅能优化施工设计的流程，提高施工设计的效率，同时也能缩短施工设计的时间，提升资本的时间价值，提前进行项目施工。在信息技术的加成作用下，项目的设计方案也能更加完美，以满足用户的需求。

（三）物料管理价值网

我们可以依据经济和技术相对独立的特征对价值活动进行划分，不同企业不同价值网上的多个价值活动之间既是相互独立又是相互联系的，它们共同构成产品的价值增值过程。物料管理价值网在建筑施工方面主要包括建筑物料的采购、存储和配送，这些都是物料管理价值网的基本业务。从物料管理活动的角度上看，通过最低的成本及时供应，满足客户的要求，是客户满意的基本标准，其价值从某种意义上来说是基于时间和质量的一种竞争。由此看来要想达成节约物料成本的目的，就需要在物料价值网的各个环节中降低费用，对于一些没有存在必要的环节也可以直接省略，减少人力、物力和时间在这些不必要环节上的浪费，这样也能降低物料成本。

（四）施工管理价值网

首先，在前期需要做一些相关的准备工作，在确定工程项目中标之后，管理人员就应该到现场进行组织安排，在现场进行相关的布置，绘制施工现场的总平面图，在布置的过程中需要参照总平面图，哪里需要铺设用水的管道，哪里需要铺设用电的线路等等，这些都要规划好；技术人员的主要任务就是制订总的施工设计方案，监理人员在技术人员将方案编制完成后需要对方案进行审批；在还没开始采购材料的时候，前期需要整理厂家的资质资料，进行综合分析，监理人员需要对分析结果进行审批；施工现场也要达到四通一平的标准，相关的机具进场后到指定位置，在这个过程中，管理人员是不能缺位的，全部事项落地后，最后需要通过书面形式向相关部门作出开工申请。

其次，管理施工的基础流程。施工的基础流程是：挖掘土方→进行基础施工→对基础施工的成果进行验收。施工的主体流程是：把模板搭建起来进行支模→把支模用到钢筋全部绑扎结实→提前预留预埋出水电的管道和线路→把混凝土浇筑在建筑模板内→用建筑材料填充墙砌筑→对主体施工的成果进行验收。装饰主要流程是：安装好门框和窗框→内部初级装修→外部初级装修→内外部装修完安装门窗→对室内进行精装修。

对内外墙进行粉刷，这本来就属于装饰中的一部分，装饰部分施工顺序一般是先墙面再地面后顶棚的施工。装饰部分完成后，再安装室内灯具，和卫生间的洁具等。

最后，竣工验收。每项工程都有设计图纸，按照图纸设计施工完毕后，按照有关施工验收规范需要各方共同验收，其中包括监理单位、建设企业、设计单位、勘察单位和施工单位，验收合格后，会给出项目合格的书面证明，也要报给相关部门备案。

对建筑施工企业来说，工程项目管理是以施工管理为基础的，只有做好了施工管理，后续的工程项目才能顺利开展，而且在整个工程项目的实施过程中，施工管理一直都在发挥着作用，施工管理涉及建筑企业中的人、财、物以及信息的流动，可以说施工管理是建筑施工企业价值网中的关键环节，建筑成本包括施工过程中涉及的各项支出，比如施工过程中的人工费、施工现场购买的材料费、施工过程中使用机械的费用、施工现场其他的费用和施工过程中的各项管理费用等。建筑企业的生产对象就是施工项目，施工项目是建筑企业对一个建筑产品的施工过程和成果。施工项目有其自身特点，表现为施工项目可能是单项工程，也可能是单项工程中的某一个具体任务，并且根据工程承包合同来界定任务的范围。

二、建筑企业外部供应链协同管理

世界上一切事物、现象和过程，几乎都是有机的整体，几乎都是自成系统而又互成系统。系统工程方法论的基本要求是把研究对象（任务、项目）都看成由不同部分构成的有机整体。在系统工程的整体性方法论原则和企业组织理论演进的启示的基础上，本节借助概念图工具提出了建筑企业外部协同概念图。在处理复杂事物时，一个好的概念图对我们来说是一个无法衡量其价值的有力工具，它可以帮助我们理解复杂系统的组织思想。

战略机能系统（缩写为SFS子系统）、地区协调中心（缩写为ACC系统）、定制服务团队（缩写为SSG系统）这三部分共同组成了建筑企业外部协同模式。从概念的界定上，我们虽然把建筑企业的业务模块分成了三个部分，但是它们之间并不是没有关联的，在实际运行过程中，三个部分互相配合，共同作用。

命令和控制这两项内容是传统建筑企业在职能管理过程中经常会用到的管理方式。在建筑企业外部协同模式实际应用过程中，关系发生了转变，原来的指令关系逐渐转变成协同作用的工作关系，原来单调的指挥命令式关系逐渐转变成能够沟通交流的关系，原来的监管控制关系逐渐转变成服务支持和辅助的关系，当然主要是由于信息和技术的参与。经过这样的转变，信息网络就可以将项目现场的一切实际情况实时地传达到企业组织的每个节点。所以，透明的工作环境使传统组织中层层监督、严格检查的体系失去存在的价值。模型中的控制是通过对目标的不断评价和对现场工作的指导而间接完成的，通过营造相互信任、互相学习的组织环境和不断地为生产一线输送所需的知识而促进工作过程转化为效率。

在建筑企业的运行过程中，ACC系统的主要功能体现在市场开发与同一个区域项目之间的协调上面。ACC系统不具备独立的人事职能和财务职能，它的主要功能就是在协调方面起辅助性作用。建筑企业核心组织子系统是SFS系统和SSG系统。

第三节 建筑企业协同管理的信息化设计

一、设计系统功能方面

（一）运营控制层

设计系统功能中的运营控制层由两部分组成，它们前后关联，协同作用，这两部分分别是“系统计划”和“过程控制”。“系统计划”子系统的目的是对组成供应链的节点组织及相应的物料、资源和资金等进行合理选择、计划和调度，任务是组建供应链，用来提供信息支持，供应链组建完成之后，“系统计划”就会发生转变，生成能够被执行的任务，然后下达给“过程控制”，这个子系统根据任务要求，对过程进行动态控制，给供应链的正常运行提供信息支持，但是在这个过程中也会存在一些问题，如节点组织的不可控和信息的不准确等，出现问题后可以利用协调机制来进行辅助，以消除那些不确定和非常规现象，使管理更加稳定有效。在运营控制的过程中，也常常会涉及过程管理思想，过程管理思想主要依赖于工作流的驱动，当遇到管理者需要帮助的时候，决策支持系统便可以发挥其重要作用。

（二）决策支持层

决策支持层主要由三部分组成，它们之间也是相互联系、相互影响的。这三部分分别是执行决策系统、管理决策系统和战略决策系统。在处理日常事务的时候，执行决策系统发挥主要作用，能够提供有效的决策支持，这些决策支持通常作用在过程控制中的程序化提醒、资源和材料价格及库存查询、机械性能查询等方面。在管理供应链协同业务的时候，管理决策系统主要发挥作用，管理决策系统区别于执行决策系统的地方在于，提供的决策支持是结构化或半结构化的，这些决策支持通常作用在节点组织的选优评审、编制进度计划等方面。在解决建筑企业的战略性问题时，战略决策系统主要发挥作用，与前两者不同的是，战略决策系统所提供的决策支持是半结构化或非结构化的，这些决策支持通常作用在选择并确定合作伙伴过程中的评估问题、企业生产率标准的制定、对企业绩效及盈利能力的预测和评估、财务规划等方面。

二、设计系统结构方面

（一）综合事务处理系统

建筑企业各职能部门（资源部门和管理部门）、施工项目及合作伙伴企业的信息系统是综合事务处理系统建立的基础，集合方式是企业应用集成（EAI）方式，主要依赖于工作流的驱动，信息管理的结构呈现分布式特点。统一的标准数据接口的方式应用在综合事务处理系统的各供应链节点组织的信息系统之间，其传输手段是使用XML文件，通过工作流引擎进行驱动。值得注意的是，XML文件具有标准性特点，因此各信息系统之间才能进行数据交换。综合事务处理分布式数据库事实上是综合事务处理系统的核心，主要功能体现在能够为各个节点组织的信息系统提供数据支持，主要通过对供应链协同运作的所有信息进行存储、处理和管理的方式来进行。

（二）企业数据仓库系统

每个数据仓库的数据单元都与时间密切相关，它是一种数据集合，主要特点是面向主题、集成和用于决策支持。综合事务处理分布式数据库是建筑企业数据仓库系统的基础。不同层次的决策问题设置不一样的主题，这是星型模式在企业数据仓库模型中的运用。决策支持层中的管理决策系统和战略决策在运行过程中，依据不同的层次设置不同的主题，以此来支持数据的挖掘，并且提供相应的基础数据来确保决策分析的准确可靠。

（三）供应链协同决策支持系统

决策层次：执行、管理和战略这三个方面的决策支持都是由供应链协同决策支持系统提供的。供应链协同决策支持系统归纳整理相关信息，这些信息包括相关的数据、关系、规律和趋势等，对这些信息进行加工整理和分析，为决策者提供符合特定决策需求的支持信息。决策者如果想要查询相关信息，只需要根据系统设置的权限，登录到对应的信息系统中，就能进行信息查询，解决结构化决策问题，获得决策支持。这种方式适用于解决管理和战略层面的非结构化或半结构化的决策问题，比如可以按照“供应商选择分析”这一决策需求，先从数据库中找到这方面的信息，然后对这些信息进行整理和分析，以“改进蚁群算法”为依据，给决策者提供供应商选择方法，这些措施可以推动供应链的优化升级。决策分析结果一般通过数据、图表等形式显示出来。

第四章　装配式建筑供应链管理与成本优化

装配式建筑是我国建筑领域的一种全新的形式，具有传统建筑形式无法媲美的优势特点，如施工周期短、材料消耗小、环保等，这一概念的提出也迎合了我国近年来大力倡导的绿色建筑理念，极具时代意义。本章主要从供应链管理和成本优化的角度对装配式建筑供应链管理进行研究，分析了装配式建筑的解构体系和组合解构，构建了装配式建筑构件供应商评价体系，分析了装配式建筑供应链项目采购成本优化的策略与方法。

第一节　装配式建筑及其组合结构

一、装配式建筑概述

（一）装配式建筑的基本特征

装配式建筑可以说是现代建筑行业工业化发展的必然产物，早在20世纪初就已经为人们所关注，一直到60年代才真正成为现实。装配式建筑最显著的特点体现在五个方面：设计标准化、工厂生产、施工装配、装饰集成和管理信息化。相比于传统建筑而言，装配式建筑具有如下几个方面的优势特点。

1. 绿色环保

装配式建筑在施工现场通过机械化生产方式整体装配，能大量减少湿作业的产生，以及传统建筑施工产生的各类有毒有害建筑垃圾。

2. 节能降耗

当前，随着国家大力发展建筑工业，建筑能耗的占比已经占我国三大能耗的30%，这意味着传统建筑作业方式已经不合时宜，不符合新时代“绿色中国”

的建设理念。而装配式建筑具有节地、节材、降耗减排等显著的绿色效益，通过大力推广，能够率先实践“像搭积木一样造房”的建筑理念，有助于推动新时期生态文明建设，建成绿色宜居城市。比如，预制墙具有保温层，能够做到让房屋冬暖夏凉，降低建筑的能耗，提高建筑的最终质量。

3. 缩短工期

传统的建筑形式都是现场浇筑，先打地基，再一砖一瓦进行搭建，通常需要一个较长的工期。而采用装配式建筑方式，将预制构件的安装和现场浇筑的工序加以整合，全部都在工厂内完成，这样就能够大量减少建造的工序，还能减少工人每天的工作强度，从而明显地缩短工期，极大地提升装配式建筑的效率。

4. 人员优化

传统的现场浇筑的建筑方式工序繁杂，需要用到大量的工人，且对人员的技术也有要求，这给建筑作业增加了不少难度。而装配式建筑则是采用现场装配式的施工技术，本身拥有较高的机械化程度，在节约建筑所用人工成本、优化资源配置、提高施工效率等方面都具有显而易见的作用。

5. 安全保障

改善施工工人作业环境，避免施工中造成的人员伤亡。

（二）装配式建筑分类依据

1. 依据构件材料特征进行分类

从装配式建筑材料的物理特性方面来看，装配式建筑材料大体上分为重质材料和轻质材料。下面围绕这两类材料进行详细介绍。

（1）重质材料

首先要介绍的就是混凝土，它被公认为是重质材料中使用得最为广泛的一种，通常，它的使用方式就是同其他材料共同制作形成复合式材料。众所周知，很多传统的建筑材料往往不能很好地进行保温，所以这就需要工人另外在墙体外面加上保温层，但是这样做，就会导致施工程序在无形中又多了几道，相应地也会让整个建筑作业的工期往后顺延。但在装配式建筑模式下的操作流程则是这样的：先有建筑工人在工厂内混合混凝土结构墙体和相关的材料，再运输到建筑工地进行安装，借助于相关构件实现各承重单元的有机组装，从而增加墙体的保温功能。

但在现实操作过程中还存在一个不容忽视的问题，那就是重质材料连接结构的使用并不那么简单，程序具有一定的烦琐性，加之材料又不轻，让运输的成本与效率，使得重质装配式建筑在近几年的发展相对缓慢，还处于初步探索的阶段。

（2）轻质材料

与重质材料相比，轻质材料一般包括木结构、膜结构、玻璃钢结构、胶合竹结构这四种类型，具有更多的选择性。轻质材料通常具有质量轻、少加工等优势，也正因此，建筑领域更多地都会使用轻质材料来进行装配式建筑作业。不同材质的轻质材料的用途也有差异，如钢结构通常用于大型建筑结构材料；张拉膜、框架膜和充气膜等其他轻质材料则用于小型建筑结构材料，常见的有大尺度空间围合材料。更值得说明的一点是，轻质材料的重量虽然远远小于重质材料，但是其质量依然过硬。而且在大量的实践验证下，与重质材料相比，轻质材料在多种形式的建筑场地中的表现都非常优秀。

2. 依据构件受力特征进行分类

依据构件受力特征，装配式建筑可分为三大类：墙承重体系、框架承重体系和框架墙承重体系。在具体的建筑施工现场，施工人员会根据实际尺度做出合理的选择。建筑构件通常有剪力墙、楼面板、梁、柱、楼梯板等。

不同构件的连接需要用混凝土浇筑的方式，通俗地讲，先连接好准备好的各个构件，再到工地现场浇筑。此外，构件所处的位置不一样，对建筑墙体的保护层厚度及其防火性能也具有不同的标准和要求。

装配式建筑还有一种非常特别的类型，那就是模数集成，它的构成方式就是模数化的单元体块之间的堆叠。无论是单体强度，抑或是整体连接强度，可以说都是完全符合标准的。这些堆叠的单元均是在工厂内完成的，这样一来，每个单体的功能就能确保是一样的，从而可以大大提升生产效率。

（三）装配式建筑的结构体系

1. 木结构体系

木结构体系是一种工程结构，其受力体系主要是木材。木结构自古以来就在建筑领域有着重要的席位。现如今，人们常说的木结构的概念，有别于与古代传统意义上的木结构。木材本身有诸多优点，比如良好的抗震性、显著的保温功能、能源节约功能、革除噪声功能、使用舒适功能等。再有，木材本身作为建筑材料具有很高的经济价值，取用和加工环节也都比较方便，国外一些发达国家已经在建筑领域广泛应用。我国是一个人口大国，对住房的需求量非常大，但同时我国的森林资源和木材储备却相对匮乏，所以在这种国情下，木结构材料并不是最优选择，难以满足我国建筑行业的发展需要。当下，我国高档别墅所使用的材料就是密度很低的木结构，这完全是因为有部分消费者喜欢这种天然的建筑材料。在这一点上，我国与美国的做法是截然相反的，那就是我国将采用木结构打造的装配式建筑视为高端住宅。

2. 轻钢结构体系

轻钢结构体系，从某种程度上来讲就是木结构体系的一种优质替代品。其主体是采用薄木片的压型材料，其中轻型钢材是用 0.5 ～ 1 mm 厚的薄钢板外表镀锌制成的，这个结构类似于木结构的"龙骨"，能够建造出九层以下的建筑。二者之间的不同之处在处理节点的方式上：轻钢结构建筑主要使用螺栓来处理，木结构建筑则主要使用钉子来处理。

轻钢结构体系具有如下优点：①质量轻、强度高，能够减轻建筑结构自重；②扩大建筑开间，还可以将建筑的功能进行灵活分隔；③具有延展性和完整性，具有优异的抗震性和抗风性；④完全保证工程质量；⑤施工速度快，工程周期短，天气和季节对施工工作没有影响；⑥方便改造与拆迁，能够回收再利用。当然，轻钢结构体系也不是没有缺点的，它具有如下不足：钢构件热阻较小，耐火性较差；传热快，不利于墙体的保温隔热；耐腐蚀性差，抗剪刚度不够。综合分析可知，在未来，装配式钢结构住宅产业化发展还需要走一段艰难的道路。

3. 混凝土结构体系

（1）大板结构体系

20 世纪上半叶，我国采用的就是装配式大板结构体系的预制混凝土结构，其预制构件有大型屋面板、预制圆孔板、楼梯、槽形板等。这种结构体系在大多数情况下被应用到低层或者多层的建筑上。它具有如下几个方面的缺点：构件的生产、安装施工与结构受力模型、连接方式等；抗震性和物理性能方面的缺点也是比较突出的；隔音效果不好、墙体常有裂缝、渗漏等情况，建筑的外观也比较单一，如果有业主想要进行重新装修还会面临许多要解决的困难。此外，这种结构体系的运用还会受运输方式、经营成本等多个因素的直接影响。正是由于该体系明显存在上述诸多缺点，使得它在 20 世纪末终于退出历史舞台。

（2）预制装配式框架结构体系

装配式混凝土框架结构由预制梁、预制柱、预制楼梯、预制楼板、外挂墙板等部分组成。这种结构体系的优点也比较多，如结构传力路径清楚，结构装配质量好，现场浇湿作业明显减少，这完全迎合了预制装配化结构装配的需求。但是它的使用方式是有一些限制条件的，那就是必须要在一个比较宽敞、开阔的建筑中才能使用，像仓库、厂房、停车场、商场、教学楼、办公楼、商务楼、医务楼等都可以，最近几年也开始在民用建筑中使用，比如居民住宅等。根据梁柱节点连接方式的不同，装配式混凝土框架结构可划分为等同现浇结构与不等同现浇结构。其中，前者是节点刚性连接，后者则是节点柔性连接。等同现浇结构和不等同现浇结构在结构性能和设计方法上基本上相同，它们的一个差异就是，前者的节点连接过程具有一定的复杂性，后者的连接则更加快捷，装配的流程也是简化的。还需要注意的一点是，在实际的建筑施工现场，采用的现浇结构不一样，相对应的耗能机制、整体性能和设计方法也会出现很多预想不到的差异，因此在使用的时候还必须考虑一个重要元素，那就是节点的性能。

（3）预制装配式剪力墙体系

目前，中国使用最广泛的预制装配式剪力墙结构体系主要有以下三种。

第一种是部分或全预制剪力墙结构。在这种结构形式下，建筑的内墙使用现浇方式，建筑的外墙则使用预制方式。预制构件之前则通过现浇进行接连。目前，建筑结构的使用已成为一个试点项目。由于内壁是现场打孔结构，因此结构性能与现场浇筑结构没有显著差异，特点在于应用广泛，适用高度大。这种结构体系在国内目前使用得较为普遍。全预制剪力墙结构相比采用现浇结构所产生的效果，在结构性能上通常相差不大。此外，这种结构体系的预制化率通常也很高，但与此同时也是有明显缺点的，如施工难度大、拼缝连接构造复杂等。综合来看，当前，我国对部分或全预制剪力墙结构体系的系统化研究和工程实践都相对匮乏，后期还需要专家学者们对其展开深入广泛的研究。

第二种是多层装配式剪力墙结构。从现阶段我国城镇化与新农村建设角度来看，房屋的结构性能可以进行一定程度的降低，在这种背景条件下，新型多层预制装配剪力墙结构体系就应运而生了。采用多层装配式剪力墙结构，相应地，可以减少预制墙之间的连接，并且仅连接部分加固材料，通常适合在六层以下的房屋内使用。但多层装配式剪力墙结构是一种新型的结构形式，如何拓宽使用范围、提升使用效率，还需相关人员再做进一步的研究与实践。

第三种是叠合板式混凝土剪力墙结构。叠合板通常分为叠合式墙板和叠合式楼板两种。叠合式墙板通常可以采用单面和双面叠合剪力墙。如果从受力性能上来讲，叠合板式剪力墙并没有很合适的适用高度，目前能够确定可以使用的楼层数为 18 层以下。

工业化程度较高的一种装配式建筑形式是盒式建筑，预制程度通常在 90% 以上。盒式建筑是指在工厂中将房间的墙体和楼板连接起来，预制成箱形整体，甚至其内部部分或者全部设备的装修工作如门窗、卫浴、厨房、电器、暖通、家具等都已经在箱体内完成，运至现场后直接组装成整体的一种装配式的那建筑。如此，就可以最大限度地控制施工现场的工作量。这种建筑结构所消耗的单位面积混凝土也是非常少的，一般是在 $0.3m^3$ 左右，相比于传统建筑结构，大约可以节省 20% 的钢材与 22% 的水泥材料，其自重也会大幅减轻。但需注意的是，如果要投资盒式建筑构件，预制工厂往往需要一笔较大的资金，因而要做好相应的成本控制才能实现扩大预制工厂规模的目标。

二、装配式组合结构

装配式组合结构并不是简单地指“混合结构 + 装配式”，它是一个广义的概念，具体是指建筑的结构系统（包括外围护系统）由不同材料预制构件装配而成的一种建筑结构。

（一）装配式组合结构的特点

①预制构件材料具有多样性，不同的构件材料相互装配形成组合结构。

②预制构件是结构系统（包括外围护系统）构件。

（二）装配式组合结构的类型

装配式组合结构按预制构件材料组合分类如下：

①混凝土 + 钢结构：结构系统和外层保护结构系统由混凝土预制件和钢结构构件组装而成。

②混凝土 + 木结构：结构系统和外层保护结构系统由混凝土预制件和木结构构件组成。

③钢结构 + 木结构：结构系统和外部保护结构系统由钢结构构件和木结构构件组成。

④其他结构组合：结构系统或外部保护结构系统由其他材料的预制件组成，如纸管结构和与容器相结合的建筑物。

（三）装配式组合结构的优点

之所以选择装配式组合结构，是为了重点突出传统的单一材料结构不能达到的效果。一般地，装配式组合结构具有如下四方面的优点。

1. 促进建筑功能实现

装配式混凝土建筑采用钢结构屋盖，这样就能够拥有一个大跨度的无柱空间。钢结构建筑采用预制混凝土夹心保温外挂墙板，这样就能做到将外围护功能、保湿功能、围护功能等多项功能全部集中到一起。

2. 呈现建筑艺术

木结构与钢结构或混凝土结构组合的装配式建筑，能够集中多种结构的优势特点与功能，从而呈现出建筑作品的艺术性。

3. 优化建筑结构

不同的位置所要用到结构也是有差异的，采用装配式组合结构，能够实现建筑结构的最优化。比如，木结构、刚结构构件通常用在在重量轻、抗弯性能强的地方；混凝土预制构件则可以用在抗压性能好的地方。

4. 实现便利的施工

钢柱是装配式混凝土筒体结构的核心区柱子，在具体施工的时候作为塔式起重机的基座，随层升高，这样更方面工人作业。例如，美国阿肯色州的荆棘冠教堂建在树林之中，不能使用起重设备，此时就可以采用钢结构和木结构组合的装配式结构，而设计的这一组合结构构件重量以能让两个工人轻松搬运为标准。

第二节　装配式建筑预制构件供应商评价体系构建

一、装配式建筑预制构件供应商评价体系建立的原则

对装配式建筑预制构件供应商的评价选择是开发商与供应商实现协调合作的前提和基础，还有可能会影响到工程项目的质量、造价、工期。评价装配式建筑预制构件供应商需要基于可验证的量化指标和有意义的定性观察。首先就是要构建一个具有可操作性的、科学有效的装配式建筑预制构件供应商评价指标体系。在具体的评价体系构建过程中应该充分贯彻如下四项原则。

（一）系统全面性原则

装配式建筑预制构件供应商评价体系应该能够全方位、多层次、多角度地反映出不同构件供应商的综合水平，而不是仅仅关注供应商的某一个或某几个层面。为此评价者应该具备统筹意识，从多个维度去制定相应的构件评价指标，从而最大限度地保证装配式建筑供应商对构件的供应质量。

（二）客观科学原则

针对不同的构件供应商都应该确保做到客观、公正与科学有评价。为此，在构建评价体系之前，需要进行调查，依据不同的评价目的、需求来实施评价。装配式建筑预制构件供应商评价指标的设置必须是能够真实反映出供应商主要特征的，要坚决剔除主观因素，降低各种可能影响评估结果的风险。同时还要注重科学评价方法的运用。唯有如此，方能保证最后评价结果的精准性。

（三）定性与定量相结合原则

在具体评价和选择装配式建筑预制构件供应商的时候，由于影响评估结果的因素较多，且具有不可控性，调查收集数据的方式也应该是灵活的，不能全部采用同一种方式。比如，某些评价指标需要通过定量方式来收集，而有些评价指标则需要进行数据测量和验证，这样无疑增加了指标收集的难度。为此，笔者认为，可以采用定性与定量相结合的方式来收集装配式建筑预制构件供应商的评价指标。对于定性评价指标，评价者应该充分考虑这些评价指标的内在含义，运用较为准确的语言将它们描述出来，并给出具体的定性说明和评价赋值原则，确保能够准确地反映出定性指标的性质；对于定量指标，则必须给出具体的计算公式和评判准则。这样形成的装配式建筑预制构件供应商评价体系才是具备科学性和实用性的。

（四）敏捷性原则

市场是瞬息万变的，装配式建筑市场同样如此，从业者应该主动去了解并适应市场。这样就需要我们对装配式建筑预制构件市场具有高度的敏锐感，能够主动迎合和把握来之不易的各种机会，这样对我们评价装配式建筑预制构件供应商也是大有裨益的，确保我们可以针对预制构件供应商提出来的各种合作要求快速做出反应，为自己赢得最大利益空间。

二、装配式建筑预制构件供应商评价体系建立的思路

结合装配式建筑和预制构件的特点，笔者认为装配式建筑预制构件供应商与传统建筑材料供应商之间是存在明显差异的。为了更好地构建装配式建筑构件供应商评价体系，笔者大量地查阅了国内外关于装配式建筑预制构件供应商评价体系指标研究的文献资料，之后整理和分析，通过小组座谈的形式初步筛选出有借鉴价值的评价指标。同时邀请业内的专业人士莅临指导，提出修改建议，并进行可行性论证，最终建立初步的装配式建筑预制构件供应商评价体系。装配式建筑预制构件供应商评价体系的具体建立思路如图 4-2-1 所示。

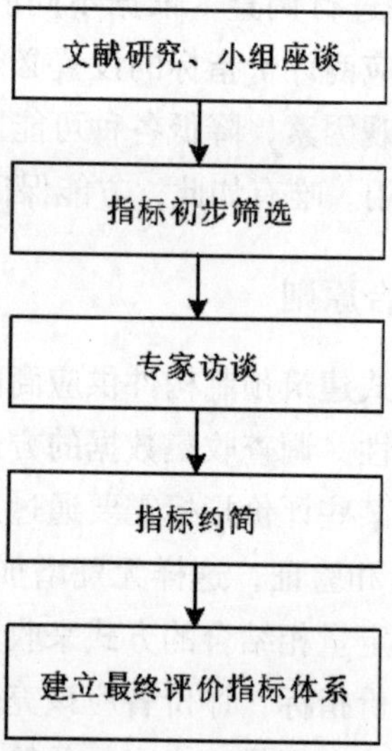

图 4-2-1　装配式建筑预制构件供应商评价体系的具体建立思路

第三节　装配式建筑绿色供应链项目采购成本优化分析

一、装配式建筑供应链采购成本的特点

采购成本占整个项目成本的很大一部分，如果经营预制建筑的公司希望获得最大的利润，则必须严格控制项目的采购成本。总体上，预制建筑供应链采购成本的特点表现在三个方面。

（一）复杂性

毫无疑问，建筑项目最突出的特点就是体量大、工序复杂，相应地，完成一项工程所消耗的建筑材料和使用的建筑设备也是非常多的。这样自然会增加项目的总成本。这样一来就会增加对所有供应商的管理难度，同时再想要以最低的成本采购装配式建筑预制构件也必然会困难重重。因为对于装配式建筑来说，在正式实施的时候，必然会有众多的企业单位参与其中，从而拉长构件的生产周期，进而导致供应链网络的复杂程度加深。因而，装配式建筑供应链管理的风险自然也会无形地增加。这样自然会大大增加装配式建筑供应链的采购内容，进而提高采购成本。像供应链成员之间的协商沟通及采购风险等无法量化的成本也都包括在内。

（二）浮动性

在实际的建筑工程作业过程中，装配式建筑供应链采购成本往往会受到项目进程变化的影响，从而呈现出动态的变化趋势。但供应链采购成本的变化直接关系到建筑项目的成败，所以，必须在项目伊始就开始测算供应链采购成本，由此来实现对供应链采购成本的实时掌控。

（三）整体性

众所周知，成本与利润是成反比关系的。所以，装配式建筑供应链采购成本的增加很有可能会使建筑企业的利润显著减少。通常，采购成本大约占供应链总成本的70%，采购成本的控制成为供应链成本控制中重要环节之一。然后就是把成本次要项——人工成本控制在总供应链成本的20%，把运输成本控制在供应链总成本的4%。如此，方能从宏观层面实现对装配式建筑供应链总成本的有效控制，进而实现建筑项目的效益最大化。

二、装配式建筑供应链采购成本的构成

（一）原材料的采购成本

原材料采购成本的测算通常需要用到原材料采购的单价和数量。在原材料数量确定后，企业想要采购成本最小化就必须通过控制其价格来实现。具体来说，市场是广阔的，它拥有很多家装配式建筑材料的供应商，我们可以从多个

方面综合对比分析，如市场上不同厂家给出的价格、提供的原材料的质量、交货的准时率，还有原材料企业的社会信誉度等，再择优结合项目的实际情况，做出最有利于成本控制的选择，实现装配式建筑采购成本的最优化。

除此之外，我们还可以拓宽装配式建筑原材料的采购渠道。现在是互联网时代，开通线上商场的供应商逐渐增多，这为我们增加了一种采购的渠道。因此，我们可以将线上和线下供应商的原材料价格做一个比较，由此选出最优供应商来进行项目的合作。

原材料运输成本会受到运输的方法、距离和数量的影响。在选择运输商的时候，如果原材料的运输数量一定，我们就要充分考虑运输的准时率、单位材料的运输价格和运送时间。

原材料存储成本主要指企业在储存原材料的过程中所产生的费用，主要包括仓库的固定成本、人工成本及损耗成本。

原材料采购管理费用是指采购过程中发生的与采购相关的管理活动所产生的费用，一般按照一定的比例进行计提。

（二）预制构件采购成本

预制构件采购成本就是企业实际采购装配式建筑预制构件时所要支出的资金，具体包含生产加工、设备折旧、管理及沟通交易等不同用途的费用。

生产成本的测算需要用到预制构件购买的具体数量及单价，其中，决定预制构件单价的因素主要有原材料价格，企业的生产技术水平，人工管理费用等。从某种程度上来说，单价与预制构件的质量有着最为直接的关系；因此，我们在选择最合适的供应商时可以从预制构件质量优劣的角度来考虑。

预制构件生产模具的设备折旧成本和管理成本则是按照一定的比例在预制构件的生产成本当中计提。

要想控制预制构件成本，一个比较有效的方法就是选择好预制构件的运输企业。因为在实际运输过程中，构件可能会根据不同需求来回挪动，免不了会有一些损坏，这样自然会导致其实用的质量受到影响，单个构件的建造成本又太高。这样既会导致建筑资源的浪费，同时又会直接影响项目的顺利实施，造成严重的经济损失。

第五章　装配式建筑供应链风险管理与动态反馈

本章主要内容为装配式建筑供应链风险管理与动态反馈，分为三节，第一节主要论述了装配式建筑绿色供应链风险管理，第二节从信息传播视角下对装配式建筑供应链风险进行了分析，第三节主要论述了装配式建筑供应链风险动态反馈管理。

第一节　装配式建筑绿色供应链风险管理

一、利益相关者的确定

（一）绿色供应链中的利益相关者

绿色供应链是实现可持续发展的一个重要途径，同样，绿色供应链的持续运行也受到不同因素的影响，其中有些因素成为绿色供应链发展的障碍。这些阻碍发展的不利因素可以分为内部因素和外部因素，内部如成员间的利益矛盾、信息和技术不共享等；外部如传统思想观念固化的供应链模式、我国的环保政策、企业间的恶性竞争等。为了提升绿色供应链的运行效率，绿色供应链的管理应当着眼于供应链的相关利益者，这样可以更好地改善企业间的利益矛盾关系，增强企业间的信任，同时，企业社会责任意识也会得到加强。绿色供应链的利益相关者大致分为以下几种。

①政府部门：政府部门通过制定相关的法律法规及具有引导性的政策来支持绿色供应链持续运行，同时，政府部门可以协调不同利益相关者的利益关系，解决各方面的矛盾。

②相关企业：绿色供应链是一个系统，在系统中不同企业扮演不同角色，供应、制造、分销和零售企业控制着绿色供应链的信息、资金和物流等，占据着供应链的主导地位，其他上下游企业则处于辅助地位。同时，占主导地位的企业也是系统中的主要利益矛盾来源，解决利益矛盾主要就是要解决占主导地位的企业间的矛盾。

③企业员工：绿色供应链需要不同的岗位来运行，不同岗位的员工作用也不同，但是，如果把不同的员工看成一个整体，那么这个整体就可以决定供应链目标的成败。

④消费客户：客户的需要是供应链系统的主要目标，客户作为产品的直接使用者，客户是否满意对绿色供应链系统有直接的影响。

⑤周围居民：周围居民不像员工或者客户直接影响绿色供应链，不会直接影响绿色供应链的运行。但是，居民的言论、想法可以间接地对供应链产生影响。

⑥社会组织：社会组织尤其是环保组织比较关注供应链的目标和企业的生产活动，同时也比较关切客户的消费和使用动机。

经济效益、社会效益和环境保护是绿色供应链中主要的利益诉求，角色不同，利益诉求也不同，根据供应链中的职责可以将利益相关者分为链内和链外两种。链内链外利益相关者对三种利益诉求都有关注，只是关注重点不同。链内利益相关者出于对利益和影响力的考虑，重点关注经济和社会效益，包括相关企业、企业员工和消费客户；链外利益相关者出于责任和位置的原因，重点关注环境保护，包括政府部门、周围居民和社会组织。链内和链外利益相关者互相监督，共同促进绿色供应链良好运行。

（二）装配式建筑绿色供应链利益相关者

装配式建筑绿色供应链的利益相关者比较多，同样可以按照职责不同将利益相关者分为链内和链外两种。相关企业及企业员工和消费客户属于链内利益相关者，政府部门、社会组织和周围居民属于链外利益相关者。

①相关企业：装配式建筑绿色供应链涉及企业比较多，其中有设计和施工单位、供应和制造单位、运输和回收单位、监理和物业单位等，这些单位是绿色供应链的主要获益单位，同时也承担着与之相对应的风险，对绿色供应链目标的实现起主导作用。

②企业员工：装配式绿色供应链系统同样需要不同岗位的工作人员，包括施工、设计、销售和其他岗位工作人员，这些员工同样对绿色供应链目标的实现有直接的影响。

③消费客户：客户作为装配式建筑绿色供应链最重要的目标，客户的需求直接影响供应链的长期健康运行，同样也是供应链的内驱力。

④政府部门：政府部门通过制定相关的法律法规及具有引导性的政策促进装配式建筑绿色供应链的发展，同时，政府部门协调不同利益相关者的利益关系，同时对装配式建筑绿色供应链进行监督与指导，引领其良好发展。

⑤社会组织：社会组织如环保机构、媒体等，比较关注建筑绿色供应链的环境保护目标的实现，对装配式建筑绿色供应链起到宣传和监督的作用，进而对供应链产生压力。

⑥周围居民：周围居民属于装配式建筑绿色供应链的社会环境，居民不会直接影响供应链的运行，当地的政治、经济、文化等影响着当地居民的意识，居民的意识可以影响其他类型的利益相关者，从而间接对绿色供应链产生影响。

链内利益相关者直接参与装配式建筑绿色供应链的运行，是整个供应链的直接获益者，重点关注装配式建筑绿色供应链的经济效益和社会效益，对环境保护的关注是为了能够获得更多的经济效益和社会影响力。经济效益和社会影响力与链外利益相关者没有太大的相关性，这也是链外利益相关者更加关注环境保护的原因。对供应链的环境保护监督也是链外利益相关者的责任。链内和链外利益相关者对装配式建筑绿色供应链的目标既有区别又有统一，区别是两者关注的重点不同，统一的是两者都对供应链的运行产生很大的影响。

二、装配式建筑绿色供应链风险因素识别

（一）外部环境风险

外部环境风险包括自然环境和社会环境，外部环境风险具有不确定性，装配式建筑绿色供应链的运行必然受到外部环境的影响。

1. 自然环境

装配式建筑的操作现场绝大多数处在露天环境中，天气的好坏肯定会影响操作的进行，如果发生洪涝、地震、台风或者其他自然灾害必然带来供应链某

个环节的中断，进而导致操作难以进行。对于建筑企业来说，灾害带来的不仅是资金的损失，而且有可能会导致资金链的中断，使企业面临倒闭的风险。

2. 法律法规和行业标准

法律法规和相关政策是建筑业的风向标，装配式建筑绿色供应链同样受风向标的指引。装配式建筑绿色供应链产业的配置、结构的调整除了受消费者的需求影响还与政策息息相关，政策法规的变动会直接影响装配式建筑绿色供应链的发展方向。同样，行业标准的不统一也会影响装配式建筑绿色供应链的正常运行，不利于建筑业长期发展，给装配式建筑绿色供应链带来持续运行的风险。

3. 政府干预

建筑业从最初的规划到最后的交付都有不同的政府部门干预，审批流程较多，而且烦琐缓慢，前期处理不好政府部门的干预会严重影响建筑施工进度，影响装配式建筑绿色供应链的持续进行。

4. 金融风险

建筑业是暴利行业，同时，受资金链的影响巨大。通货膨胀是一种持续的潜在影响，同时，利率和汇率的变化会影响投资者的投资方向，进而对装配式建筑绿色供应链的融资产生很大的影响。金融因素影响建筑工程的操作成本和收益。

5. 客户认知

对于国家层面和建筑行业来说，装配式建筑已经产生了很大的影响力。但是，对于普通消费者来说，装配式建筑可能还是一个新名词，他们可能不了解相关的知识和概念，并不知道装配式建筑具有什么样的性能，也不知道其具有环保的性质。

（二）内部合作风险

1. 计划流程方面

（1）战略方向不同

装配式建筑绿色供应链内部成员利益分配不平衡导致成员之间会产生恶性竞争，这是矛盾产生的主要来源。经济上的冲突会导致不同企业成员在制定战略方向时出现不同的发展趋势，进而影响装配式建筑绿色供应链的良性发展。

（2）客户需求变动

装配式建筑绿色供应链的主要目的就是满足不同客户的需求，这样才能不断地促进供应链的长期发展，客户需求的变动会影响整个供应链的计划目标。

（3）供应链内部结构混乱

装配式建筑绿色供应链涉及很多企业，部门结构繁杂，信息沟通不及时。装配式建筑绿色供应链是一个庞大复杂的系统，系统中资源整合不到位，导致系统运行缓慢。对于生产资源的采购没有统一的标准和计划，缺乏应急机制，一旦出现突发情况容易导致整个系统瘫痪，大大降低了系统的运行速度。

（4）缺乏信息化建设

社会任何产业的发展已经离不开信息化建设，数据对产业的发展具有指导意义。在装配式建筑绿色供应链中，生产环节众多，不同环节缺乏有效的信息传递和共享机制，内部成员之间信息混乱，在不同的生产计划环节缺乏有效的数据支撑和统一的信息标准，容易造成生产资源的浪费，进而影响供应链的整体经济效益。

（5）信息不透明

装配式建筑绿色供应链利益相关者数量庞大，成员对外公开的信息大部分都是利好信息，信息的公开缺乏监督机制，信息不透明不但影响客户的选择，同时也使链内企业之间缺乏足够的信任，这样导致整个供应链系统无法提供最优的产品，长此以往，会导致整个系统的溃散。

（6）利益不平衡

装配式建筑绿色供应链系统涉及很多新材料的开发和新技术的应用。在整个供应链系统利润分配中，由于不同企业的生产成本不同，导致利润有所差别，这种不平衡的利润分配会对企业间的合作产生消极影响，最终有可能导致供应链的断裂。

2. 采购流程方面

（1）生产资料的质量要求高

装配式建筑绿色供应链原材料使用的都是绿色环保材料，这对原材料的采购有很高的要求：一是要求材料满足建筑行业的使用标准，这也直接关系到建筑产品的整体质量。二是要求材料符合绿色环保标准，将来不会成为环境的污染源。

（2）材料厂家的选择有限

绿色供应链系统要求供应的产品都要符合绿色环保标准的要求，在当前社会环境下，能够供应绿色材料的生产厂家较少，造成厂家的可选择性较差，在应急事件的处理上很难保证供应链的持续。

（3）材料存放要求高

与传统建筑材料的管理方式不同，装配式建筑绿色供应链的材料种类繁多且体积偏大，保存不当容易出现质量上的损坏，对库房存储的要求较高，同时也增加了库房存储的成本。

（4）材料生产周期长

装配式建筑绿色供应链除了需要传统的生产资料外，还需要大量的绿色材料，绿色材料的质量要求高，同时带来的是生产成本增加和生产周期延长。这就需要预留足够的交货时间，以免影响工程的总体进度。

3. 制造流程方面

（1）设计不合理

对于装配式建筑工程来说，完善的产品设计是工程顺利施工的前提。施工过程中设计的不合理会导致施工进度缓慢，资源浪费，同时也会影响整个供应链的运行。

（2）员工操作经验不足

生产人员的操作经验和管理人员的管理经验是装配式建筑施工质量的保证，很多员工缺乏相关经验，给整个项目的施工质量带来风险，这就需要不断地培养相关人员的专业知识，增加实际操作经验。

（3）缺乏设计人才

装配式建筑绿色供应链需要专业的设计人员来保证供应链系统的整体配合度，目前设计和施工缺少相应的专业人才，整体设计能力不强。

（4）生产工艺和设备不完善

装配式建筑市场目前没有形成规模化的设备生产线，现有的生产能力无法满足国内市场的需求。

（5）生产标准不统一

装配式建筑需要统一的生产标准，目前缺少统一的标准对不同生产环节进行指导，导致很多产品和建筑本身的设计不协调，增加了具体施工难度，而且产品没有回收利用的价值，造成人力物力的浪费，违背绿色的宗旨。

（6）产品质量不达标

产品质量差，会影响建筑的安全性，最终影响的是整个供应链系统。

4. 装配流程方面

（1）施工质量

装配式建筑施工需要多种预制构件，而且装配程序复杂，很容易在预制构件的生产和装配中出现差错，影响整个工程质量。

（2）工期管理

装配式建筑施工是一个庞大的管理工程，其中涉及不同的环节，任何一个环节出现问题都会导致施工无法顺利进行，影响整个施工工期。

（3）施工效率

统一的生产标准不但可以对原材料进行规范化生产，而且可以减少后期的装配难度，目前生产标准的不统一导致装配效率不高。

（4）个性化的设计

随着人们生活质量的提高和思想观念的开放，审美观念也出现个性化的差异，很多建筑设计的创新程度高，个性化强，导致需要特殊的装配模板和工艺，很难发挥出装配式建筑的优势。

（5）设备的专业性

专业的设备是建筑施工顺利进行的必要条件，目前设备缺乏专业性，难以体现装配式建筑的高效性。

（6）员工流动

建筑施工周期相对较长，很难保证操作人员的固定，人员流动大，培养周期长，不但增加了人力资源成本，而且降低了生产效率。

（7）施工安全

建筑施工具有危险性，安全是施工的保障，也是供应链系统正常运行的有力支撑。

（8）监管机制不健全

建筑产品影响人民群众的生命财产安全，目前装配式建筑尚未有全面的检测技术和监管机制。

5. 交付流程方面

（1）运输标准

装配式建筑构件运输要求高，传统的运输方式容易造成构件质量问题，目前缺少统一的运输和仓储标准及专业的运输设备，影响施工安全和施工效率。

（2）运输系统

现有的运输系统信息化程度低、机械化水平不高、装载效率低，装配式建筑绿色供应链还未形成完善的运输系统。

（3）运输工具

装配式建筑材料运输依然采用较高能耗的燃油车，对环境造成污染。

第二节 信息传播视角下装配式建筑供应链风险分析

在装配式建筑供应链的全生命周期中，各个节点发生的信息不对称现象都可能引起装配式建筑的风险，风险以供应链为媒介，贯穿于整个项目的全过程。而业主、设计方、生产方、施工方是建筑项目的关键参与方，它们之间的合作对装配式建筑项目的影响较大。并且在项目建设初期，业主将设计意向告知设计方后，设计方负责对项目的整体把控，在设计完成后，要及时把项目信息告诉各参与方，在设计方与各参与方进行信息交流的过程中，如果一方对于对方的信息掌握得不全面、不完整，或接收到错误的信息，甚至未能掌握有效信息都会使自己处于劣势，影响项目的建设。而对双方最有利的情况是，各自有效地进行信息共享，及时掌握有效信息，减少信息不对称问题，从而使双方损失降到最低，实现互利共赢。

一、装配式建筑供应链全生命周期的信息传播

装配式建筑供应链同一时间节点上可能存在许多风险，如果仅仅从建筑项目的全生命周期和利益相关方对装配式建筑供应链上的风险进行研究，有一定的局限性。因此本节将装配式建筑供应链分为五个阶段，并通过利益相关者理论对装配式建筑供应链上的利益相关方进行识别，然后基于信息传播模型，从信息的产生到信息的传播过程中去识别风险因素，这样就可以很好地弥补从全生命周期单一角度识别风险因素的局限。

我国装配式建筑大多采用的是预制装配式钢筋混凝土结构体系。装配式建筑的建设过程与传统建筑相比增加了生产设计、运输等环节，而预制构件的生产和运输是装配式建筑建设过程中的关键环节，装配式建筑的建设过程需要不断进行沟通。这些频繁的沟通更容易产生不同类型的风险，使项目顺利实施变得困难。而装配式建筑供应链上的参与方众多，各参与者往往只顾及自己的利益，不愿意进行信息共享或者共享的信息在传播过程中容易出现错误，这种行为都可能引起风险，并且这种风险因素之间会相互传递和相互影响，进而引发更大的风险，并且多数风险因素的产生是由利益相关者之间的信息传递所引起

的，所以在风险识别之前对其利益相关者进行梳理是非常必要的。利益相关者涉及的角色不仅是企业内部的利益者，也包括政府部门、当地社区居民等。而装配式建筑项目处在复杂的社会网络环境中，其供应链中的参与者众多，依照利益相关者理论，可以分析出装配式建筑供应链上的利益相关者有政府、业主、生产方、设计方、运输方、施工方、物业方。

（一）信息传播的内容

信息传播的内容主要包括：①政府对装配式建筑的文件，例如装配率、银行贷款利率等；②设计方案信息；③运输方向施工方提供的运输方案信息；④运输方案信息以及注意事项；⑤设计意向；⑥设计方案、预制构件信息；⑦装配方案信息；⑧装配式建筑的维护信息、保养信息、运行情况；⑨施工方向业主反映的项目施工进度信息。

（二）信息传播的步骤

1. 信源

信源是装配式建筑供应链上信息传播的源头，存在一些干扰因素影响信息的传播。首先，信息发出者提供建筑信息的准确性和及时性对信息传播质量和效果都会产生影响。在企业的发展过程中，企业对于知识产权非常重视，拥有某种专利或者知识产权就意味着拥有某种权力，其价值体现在产业链中的地位。因此生产商担心与其他生产商共享构建信息会失去自身的独特价值。而装配式建筑的预制构件对各生产企业的要求较高，预制构件的质量直接决定项目的成败。但在实际生产中，各生产企业出于自我保护，不愿意信息共享或者信息共享不准确，从而制约了装配式建筑供应链的顺利实施。

2. 编码

在装配式建筑供应链的信息发出者愿意把预制构件的信息用于传播的前提下，可对信息进行编码处理。编码是把信息由文字转变为数字符号的过程。

3. 信道

信道是信息传播的场所，信息通过信道传递给信息接收者。

4. 译码

把信息由符号重新翻译成信息的过程称为译码，信息接收者根据自己的理解和经验把信息符号重新转化为信息。

5. 信宿

信宿即最后信息的接收者，影响信息接收者的因素既有主观上的因素，又有客观上的因素。主观上的因素，即信息接收者处于被动接受的位置；客观上的因素，即信息接收者对信息的理解能力影响信息传播的效果。因此，信息接受方应积累相关知识，提高对新知识的理解能力。

二、装配式建筑供应链的风险因素识别

随着建筑项目的工业化和供应链管理的发展，现阶段装配式建筑发展迅速。但是装配式建筑供应链管理的建设还不够完善，供应链上各利益相关企业整体信息化水平低，此外，构成装配式建筑供应链的各参与方也比较复杂，导致装配式建筑在项目建设全生命周期信息难以集成、共享，供应链各个阶段以及各利益相关企业间的信息不能有效协同，各参与方只注重自己的利益，追求自己利益的最大化，或是企业出于保密政策不愿将自己的有效信息共享，使供应链上下游节点企业信息共享不及时，造成信息传达不精确，且信息在沿供应链传递的过程中容易发生丢失，难以发挥供应链的协同效应，影响供应链的高效运行。

（一）决策阶段的风险因素识别

决策阶段的主要参与方是业主、政府方。与传统建筑相比，装配式建筑具有环保、节能并且建造速度快等特点，符合国家可持续发展战略的要求，因此，国家颁布法律文件推动装配式建筑的发展，要求新建项目装配率、装配面积等达到相关要求，但同时也存在一系列风险问题：①在项目建设过程中，政府对装配式建筑政策的变化，比如装配率和装配面积，这些政策的变化导致装配式建筑标准改变进而影响装配式建筑项目的顺利实施。②随着社会的进步和经济的不断发展，国家及各省出台推动装配式建筑大力发展的相关政策，然而，对装配式建筑的认识目前还仅限于国家层面和行业内部，而公众作为信息接收方，由于其理解能力和专业知识能力有限，目前还是普遍接受传统建筑方式。③装配式建筑行业是一项运营成本较高的行业，因此，利率的升高会为装配式建筑行业带来较大的成本压力。近年来，装配式建筑行业的快速发展在很大程度上得益于低利率及国家政策的扶持和通货膨胀，国家一旦采取银根紧缩的金融政策，就会使建筑企业贷款困难，从而阻碍装

配式建筑的发展。因此，决策阶段的风险是“公众对装配式建筑接受度较低，银行利率变动，通货膨胀等宏观经济信息、政府对装配式建筑装配率、装配面积等政策的变动”。

（二）设计与生产阶段的风险因素识别

设计与生产阶段的主要参与方是业主、设计方和生产方。业主、设计方、生产方是装配式建筑项目关键性的三大参与方，三者合作时间贯穿整个设计和生产阶段，所以，他们之间的信息沟通效率对项目能否顺利实施至关重要。首先是业主向设计方表明自己的设计意向，设计方按照施工现场的地质信息给业主出设计方案和设计思路，在与业主反复的沟通中，确定最佳设计方案。在业主与设计方的沟通过程中，信息出现不对称造成理解偏差或者业主的需求变化，增加流程，都会影响设计方所提供的设计方案，造成设计方案集成性差，从而影响项目的整体进度。设计完成后，生产方按照设计方案的资料信息对预制构件进行加工生产，预制构件的质量直接决定着装配式建筑的质量，优质的材料对于预制构件的质量十分重要，在与其他生产厂商的竞争中也有优势。然而由于所需要的预制构件众多，生产企业也众多，在实际的生产中，各生产方往往只顾及自己的利益，不愿意对预制构件的信息进行共享，或者共享的信息不准确，以及对设计方案信息理解有误，都会影响装配式建筑预制构件的生产。

除此之外，各相关生产企业对利益分配的合理性及各相关生产企业之间信息传递延滞或失真、信息横向不对称，以及信息流失引都会引发装配式建筑的风险，进而影响装配式建筑预制构件的质量。而预制构件的质量与装配式建筑能否顺利完成密切相关，因此，该阶段的风险因素是“装配建筑流程增加使设计更复杂、业主与设计方之间沟通不畅、设计方设计失误造成设计方案集成性差、设计方与生产方之间信息不对称、生产商之间信息共享水平低、利益分配机制不透明”。

（三）运输与交付阶段的风险因素识别

运输与交付阶段的主要参与方是设计方、运输方和施工方。设计方把设计方案、构件信息提供给运输方，运输方根据构件信息合理规划运输方案，在信息的传递过程中，运输方能否准确地理解设计方案信息，采取合理的运输方案会直接影响装配式建筑项目的质量。然而在实际过程中，生产方只顾完成自己的生产任务，而设计方负责对项目信息的整体把控，对预制构件完成验收后，由运输方运输至施工现场，然后进行装配。此阶段设计方好比信源，需要向运输方提供构件信息，而运输方作为信息接收方，需要了解整个构件信息，方便其采取合理的运输方案确保构件运输的安全。在运输方案确定后，运输方把运输方案信息提供给施工方，在构件运输完成后，施工方要对构件信息进行检验，以确保运输的安全性。因此，运输方能否按照业设计方的要求采取合理的运输方案是能否完成装配的基础。该阶段的风险是“未依照设计方提供的信息规划运输方案、构件运输损伤、设备材料进场检验信息有误”。

（四）装配阶段的风险因素识别

装配阶段是装配式建筑项目全生命周期的重点环节，该阶段主要由施工方、设计方共同参与。与传统建筑不同，装配式建筑主要采用人机结合的施工模式，对施工阶段的要求较高。装配施工环节中如果出现问题，则将严重影响后续工作的进展，从而延误工期，因此，施工现场人员及时发现施工现场的风险并汇报给现场管理人员，管理人员采取有效的应对方法确保装配式建筑施工的顺利实施。该阶段设计方好比信源，需要给施工方提供装配方案信息，施工方作为信息接收方，需要按照设计方提供的信息对预制构件完成装配，如果设计方提供的信息有误或者施工方对构件信息理解有误，会影响施工方对施工进度的控制。而在实际的装配过程中，项目施工的管理人员首先要对构件信息进行检验，确保构件完好无损，但由于项目施工周期长，并且在施工过程中，存在人员流动现象，新入职的工人对项目的了解程度及工作人员在装配过程中的操作失误等都会影响装配式建筑施工的顺利进行。因此，施工方反馈的信息能否与装配式建筑设计阶段的信息一致，直接影响着装配式建筑施工能否顺利完成。因此，该阶段的风险有“设计方与施工方信息不对称使工期进度缓慢、施工现场的人员流动、施工人员未及时将施工现场的风险汇报给管理人员、工作人员操作失误、装配过程的信息集成不足”。

（五）运营阶段的风险因素识别

装配式建筑项目全生命周期的末端环节是运营阶段，也是预期目标的实现阶段，此阶段的主要参与方是物业方与业主。物业方除了保证装配式建筑的质量和安全外，还要定期对装配式建筑进行维护和保养，以确保其正常运行。物业方可以通过检查运营情况来确定是否达到预期设置的目标。该阶段物业方好比信源，将项目的有效信息反馈给业主，并及时与各参与方进行沟通，使参与方了解项目的运营水平。因此，该阶段的风险是“对装配式建筑缺乏合理保护、运营水平低下”。

第三节　装配式建筑供应链风险动态反馈管理

一、风险动态反馈管理模型构建思路

任何一个可能出现的风险因素都有可能成为一个项目的约束，因此，我们需要从不同的角度出发，这样才能够更好地发现某一个节点或者阶段可能存在的风险，并对项目运行中的风险进行分析。装配式建筑供应链风险管理的目的是识别和发现项目风险，对其进行评估，并最终制订合理的风险解决方案。风险和约束由于其多样性和渐进性特征，在处理时，有相似或相似的位置可用于参考，并且可以通过调整资源来解决最大的风险或约束。在风险管理过程中，要明确系统内的风险，进行综合动态识别，对风险因素进行周期性动态分析，最终提出对策和解决方案，并进行问题处理和后续跟踪，这样，整个风险管理团队就形成了一个动态的循环过程。

在装配式建筑供应链风险管理中，如果我们把装配式建筑供应链看作一个大的系统，那么系统的约束即风险就是系统内和系统外阻碍装配式建筑供应链计划与目标的因素。在一个系统可能有一个约束因素，也可能有多个约束因素，针对多个约束因素，我们应找到并分析其中最大的那个约束因素，对其进行处理、解决，然后再循环发现下一个最大的约束因素，分析这个约束因素并解决。动态反馈管理模型的总体构建思路如下：首先要对装配式建筑供应链在项目全生命周期内可能存在的风险因素进行全方位的识别，同时，要从界面的角度构建风险评估指标体系，利用系统动力学建立与已识别风险因素的关系，在系统中进行模拟，模拟每个阶段风险的动态变化曲线。仿真评价结果较高时，核心企业应制定相应的管理措施，风险管理组织应对各风险要素的总体影响进行调查分析，制订相应的规划和解决方案，形成风险因素。闭环问题解决最终保证了装配式建筑供应链的正常运行。

二、风险动态反馈管理模型的体系架构与构建

（一）风险动态反馈管理模型的体系架构

1. 风险识别系统

风险识别是风险管理的基础，是装配式建筑供应链风险管理的基本环节。装配式建筑供应链运营存在多种风险，有显性风险也有隐性风险。风险的发生也可能是由系统中各种各样的因素所导致的，在装配式建筑供应链中，管理不当、操作不当、操作错误和监控不当都可能导致风险，而隐藏的风险则不容易识别，因此更有可能带来未知风险。构建装配式建筑供应链的风险识别系统在解决系统风险的同时，还能够对运营过程进行全面分析，识别出隐藏的风险。

2. 风险评估系统

判定风险大小与制订应对方案的一个重要内容是做好评价及评估。装配式建筑供应链风险评估指标体系，由一系列反映供应链上核心企业及其供应链中的介质和行为的要素所组成，通过对它们进行具体分析，从而对供应链进行风险评估。

在评估环节，先通过系统动力学构建出系统流图，图中显示出风险因素的相关性，再用G1-熵权法进行综合权重的计算，更加真实地表现各因素的情况，并通过仿真模拟出每一个因素在整个供应链运作过程中的风险动态变化，通过风险动态变化能够清楚地看到风险因素的影响，然后找到最大的风险并进行分析，最终确定风险应对及解决方案。

3. 风险管理对策

针对装配式建筑供应链的风险管理，要对整个体系进行综合布局与构建，这是由于装配式建筑供应链的风险管理与普通企业的风险管理不同，在供应链中存在许多核心企业，这些核心企业在追求利益最大化的过程中要更加注意每个单独的企业及供应链整体可能存在或者可能发生的风险，并针对风险提出相应的管理、解决对策，将风险最小化。这里主要从以下几个维度对装配式建筑供应链可能存在的风险进行分析与管控：

首先，每个核心企业都要有明确的体系，对可能发生的风险因素进行预警、发现、管控及效果检验。

其次，每个核心企业都要制定具体的管控措施，这是针对供应链中存在的介质、行为而言。例如，针对风险如何做出调整、怎样调整；企业中每个部门的工作内容、工作职责；出现的风险属于哪个核心企业主；哪个核心企业能够给予帮助；核心企业处理风险的方式等。

最后，每个核心企业都要提出契合实际的检验方案与解决风险的方法，制定并落实管理制度与规定，跟进风险解决情况，做好闭环工作。

（二）风险动态反馈管理模型的构建

风险的识别、评估和管理需要从各个角度进行切入，基于约束理论（TOC）的 TOC 管理模型可以通过反馈循环模式更好地管理风险。为了升级和优化该模型，我们还可以将全面、系统的方法接口和系统动力学（SD）应用于 TOC 管理模型，并根据界面管理思想建立 TOC- 界面 -SD 风险动态反馈管理模型。由于 SD 仿真增强了对动态的控制，并弥补了静态识别风险的不足，因此 TOC- 界面 -SD 风险动态反馈管理模型将动态发挥到了极致。

三、风险动态反馈管理步骤

TOC- 界面 -SD 风险动态反馈管理模型这一模型对装配式建筑供应链进行有效风险管理的具体步骤如下：

步骤 1：TOC 反馈过程的起始点是对风险的识别，在识别过程中，将装配式建筑供应链系统作为研究的对象。本书采用界面管理思想构建风险评价指标体系，将装配式建筑供应链看作一个整体，从 4 个维度建立风险指标体系，即主体、介质、行为、外部环境。

步骤 2：在此步骤中，要对建立的风险评价指标体系中的风险因素进行显著性判断，判断时使用的方法一般有两种：头脑风暴法、专家调查法。当发现风险因素者不是系统约束时，循环结束；当存在风险因素时，进入步骤 3。

步骤 3：此步骤是风险识别评估。根据已建立的装配式建筑供应链风险评估指标体系，在利用 SD 识别风险的同时，采用综合加权、仿真分析等方法，对已确定的风险进行评估，并发现最大风险（将评估结果进行统一输出），然后完成风险动态反馈管理的第 1 步。

步骤 4：制订最大风险的计划。在此步骤中，要遵循一个原则：其他约束必须遵循最大约束并解决最大风险。在根据分析的风险因素制订计划时，应根据具体因素考虑核心企业的优化，建立绩效考核体系和突发事件预警机制。

步骤 5：评估计划的有效性，并制订可行和通用的解决方案。成功完成步骤 4 和步骤 5 后，此约束将消失，风险管理人员可以进入新一轮的风险反馈和调整环节，并继续提出解决新问题的解决方案。

第六章　BIM 在装配式建筑中的应用研究

本章分别从装配式建筑的可持续性分析、BIM 在装配式 PC 构件中的设计与应用、BIM 在装配式建筑中的模块化与组合式设计三方面展开论述。

第一节　装配式建筑的可持续性分析

一、可持续发展指标的几种代表性概述

目前，国际上关于可持续发展指标的代表性概述主要有以下几种：

第一，可持续发展指标体系。该体系是 1966 年由联合国可持续发展委员会（CSD）提出的，与此同时，该体系不仅借鉴了《21 世纪议程》中的内容，同时也充分将“驱动力—状态—响应”概念模型（DSR）与“经济、社会、环境和机构四大系统”的概念模型融入其中，最终形成了包含 130 个指标的可持续发展指标体系。该体系中的指标分别按照经济、社会、环境及制度四个方面进行系统化分类，除此之外，每一种分类又细分为三个方面，即状态指标、驱动力指标、响应指标。具体而言，DSR 模型存在一定的优缺点，其优点在于将环境受到的外界压力和环境退化之间的关系进行了详细阐述，与可持续环境目标紧密相关。而其缺点便是状态指标和驱动力指标二者之间的关系界限较为模糊。

第二，人文发展指数，该指数隶属于社会发展类指标。它是在 1990 年由联合国开发计划署（UNDP）提出的。具体而言，人文发展指数囊括了人均 GDP 的对数、识字率及出生时的预期寿命计算三个方面。依据以往的研究习惯，人们往往将重点放在社会收入，或者社会发展中的某一方面，而人文发展指数则与传统研究习惯有所不同，它将收入及社会发展全部包含在内，使用该

指标不仅可以减少指标使用数量，同时也可以全面反映国家社会经济的发展水平，由此可以看出该指标具有较高的科学性。

第三，真实储蓄量，该指标属于一种经济发展类指标。想要实现可持续发展，其根源在于处理好经济、社会、环境三者之间的关系。在以往社会经济发展过程中，人们过分注重国民生产总值，对社会经济发展中的资源浪费、环境污染、人口素质提升等因素关注较少。真实储蓄量是净节支减去资源消耗和污染损失的总和。

二、装配式建筑可持续发展影响因素

（一）经济因素

装配式建筑相较于传统建筑有着一定的区别，尤其是在经济投入方式方面，传统建筑前期的一次性投入要明显低于装配式建筑，也正是这一方面的原因，才使装配式建筑产生了一定的增量成本，最终导致开发商对其望而生畏。然而他们并未看到装配式建筑的优点，装配式建筑在运营阶段的费用要远远低于传统建筑，进而可以帮助开发商省去许多费用。由此可以看出，通过全生命周期理论来分析装配式建筑的经济性显得尤为必要。

1. 装配式建筑工程项目成本

装配式建筑工程项目成本主要是指装配式建筑工程项目在整个生命周期内发生的所有成本的整合，包括工程规划和开发、施工和使用、运营维护和保险费。可以具体将其划分为四个阶段。

（1）前期阶段

该阶段主要处于项目开展的前期阶段，如对项目的可行性进行分析，在分析其可行性之后，又需要进行项目的选址、勘察设计以及前期准备等，该阶段的费用主要包括可行性研究费、水文地质勘察费、规划设计费等。

（2）建造阶段

该阶段主要指项目动工至竣工的整个时间段，所以此阶段的费用主要包含以下几个方面，如预制构件生产费、安装费以及土建费等。

（3）运营维护阶段

该阶段的费用主要包含建筑在使用前所花费的费用，以及在使用过程中所产生的各种费用，如能源消耗费、维修维护费等。

（4）拆除回收阶段

此阶段的费用主要有以下几种：更新旧设备费用、排放处理废物费、保障维持项目正常使用费。

2. 装配式建筑增量成本

从经济学视角来讲，装配式建筑中产生的增量成本主要是由产出量发生了一定的变化，且带动总成本发生变化而产生的成本。相较于传统建筑而言，装配式建筑采用的技术手段较为先进，这也导致其在前期阶段的投资成本提升，最终形成了增量成本。在计算装配式建筑增量成本时，其所要考虑的方面也较多，不仅要考虑预制构件产生的额外投资费用，也要考虑使用绿色建筑技术产生的额外投资费用。在全生命周期理论视域下，装配式建筑增量成本主要体现在前期阶段和建造阶段。

（1）前期阶段

在传统建筑行业中，其设计阶段往往只包含建筑设计和结构设计两方面，而在工业化项目的设计中，却与之不同，它除了包含传统建筑设计中的两方面外，还包含了拆分设计。拆分设计主要在建筑设计和结构设计的基础上进行，同时要考虑装饰装修设计和水电管线设计，基于此，对构件进行深化设计。

拆解图在拆分设计中有十分重要的作用，同时所涉及的专业内容较多，如门窗、埋件、留洞、保暖构造等。在具体施工中，不同工种的技术人员只需要根据拆解图来定点检查相关信息便可。深度设计可谓是拆分设计的后续环节，在此环节需要从全面的角度去考虑分析各参与方的实际需求，并在图纸上反映出来。

当前深化设计流程主要是先由设计院完成预制构件的方案，然后将其交由构件厂，并由构件厂的深化设计人员进行深入设计，与此同时不同参与方人员也可以将自身的意见反馈给构件厂深化设计人员。在结合上述信息后，构件厂深化设计人员从全方位、多角度完成深化设计的任务。

（2）建造阶段

装配式建筑的成本构成与传统建筑有着明显的区别，主要体现在预制构件的生产、运输、安装等成本，此外还有节水、节能等成本。装配式建筑与传统建筑最明显的区别体现在预制构件的生产在工厂，也正是由于这一特点，使装配式建筑与传统建筑相比增加了预制构件成本。

从当前国内外学术界关于装配式建筑成本构成的研究成果来讲，在装配式建筑成本中，预制构件成本所占的比例较大。此外，通过对研究结果的梳理发现，预制构件成本也受到了多方面因素的影响，如相关税率、生产规模及预制率等，这也是衡量全生命周期下装配式建筑增量成本的关键。

预制构件的价格主要由产品本身的生产成本、预期利润、税金三方面组成。此处所指的“税金”并不是建安税金，而是企业生产经营过程中所缴纳的税金。从产品性质上来讲，预制构件属于工业产品，其在市场交易时需要向政府缴纳 17% 的增值税。场外运输成本和场内运输成本合力构成了预制构件的运输成本。其中场外运输成本主要是指预制构件在由生产厂家到建筑工地这段距离的运输成本；场内运输成本主要是指预制构件在建筑工地因二次搬运所产生的费用。

由于工厂是生产预制构件的场所，为此中间的运输环节无法避免，这也是装配式建筑与传统建筑的主要区别。此外，预制构件的运输成本也受预制率的影响。另外，运输预制构件的车辆通常以平板拖车为主，且平板拖车上都已经过特殊处理，以此降低预制构件在运输过程中的破损率。

预制构件在安装时也会产生相应的安装费，其主要包括以下几方面：人工费、垂直运输费、专用工具摊销费。首先，人工费。预制构件在到达建筑场地之后，需要现场的工人进行组装、拼接。其次，垂直运输费。预制构件在安装过程中，需要运用吊装设备对其进行垂直运输。最后，专用工具摊销费。在预制构件吊装之前，需要对其进行检查核对，如构件型号、构件轴线等，并对预制构件上的污垢、灰尘进行清洁。

传统建筑施工现场的吊装设备一般为塔吊，使用此种吊装设备吊装预制构件时会降低工作效率，浪费较多的时间。对此，为了提升工作效率，需要使用专用吊装设备（多功能吊装钢梁）对预制构件进行吊装。多功能吊装钢梁上设有多个吊耳板，针对不同类型的预制构件，可以改变吊点，以此来完成不同类型预制构件的吊装，由此可以看出，多功能吊装钢梁的使用可以降低吊装安装成本费用，提升劳动效率。

（3）运营阶段

在运营阶段所产生的增量成本主要来源于以下几方面：第一，垃圾管理；第二，绿地管理；第三，分户分类计量收费；第四，智能化管理系统。

1）垃圾管理

在进行垃圾管理时应当始终遵循无害化、减量化、资源化三大原则，并在三大原则方针下，从源头上对垃圾进行分类处理，从而减少垃圾处理量。此外，在垃圾设施布置方面，务必要使用一些坚固、耐用材质制成的垃圾容器，并将其合理摆放在小区内，以达到降低垃圾运输成本的目的。

2）绿地管理

绿地管理制度的制定务必要遵循科学合理的原则，进而保障其规范化。除此之外，也要加强小区绿地的后期管理工作，如修剪、灌溉、除虫、植被成活率等，从而保障社区植被能够保持较好的完整性。

3）分户分类计量收费

从某种意义上来讲，分户分类计量收费方式是区分传统建筑与装配式建筑的指标。传统建筑往往采用总量计量收费方式，而装配式建筑除了需要考虑传统建筑收费方式之外，还将分户分类计量收费方式考虑其中，具体体现在建筑节能和节水项目管理两个方面。具体来讲，分类分户计量收费方式主要指的是每家每户无论是在水、电、暖，还是燃气方面的使用，均采用单独计量的方式方法进行收费，并在实施过程中始终遵循“三表到户，按量收费”的原则。

4）智能化管理系统

智能化管理系统共分为三个档次，由于智能化管理系统中的技术含量有所不同，投资水平也有明显差异，此外其功能要求也存在差异，从而导致其档次划分也有着各自的标准。从宏观角度上来讲，智能化管理系统的设置需要遵循一定的原则，如自动监控性、科学完善性。

（二）环境因素

1. 提升空气质量

空气作为人赖以生存的物质，其质量的好坏直接影响了人的身体健康，而首当其冲的便是人的呼吸系统。根据世界卫生组织的调查报告显示，人类将近 68% 的疾病均与空气质量变差有关。目前被人所熟知的空气污染物主要有 CO_2、SO_2、NO_2、PM2.5、PM10、甲醛等。在传统建筑施工过程中会产生很多空气污染物，虽然经过大自然的过滤，后期空气质量有所改善，但是这同样会对后期居住的空气环境产生一定的影响。但是，装配式建筑便可以从根本上避免这一问题。

2. 营造舒适的室内声环境

装配式建筑通过利用技术手段可以在一定程度上实现隔音降噪的效果，这对营造良好室内环境起到了积极作用。

3. 创造良好的室内光环境

光对于人体而言，同样具有较大的影响，甚至是伤害，这也就形成了光污染。光往往随着距离的增加而减弱，直至消失不见。为此针对光污染的这些特点，装配式建筑在规划设计过程中，通过合理设计周围的光源设施，营造一个合理的光环境，最终借助技术手段避免了光污染。

4. 形成流通的室内风环境

从某种意义上来讲，室内风环境直接影响了建筑室内的舒适度。也正是由于这一点，装配式建筑在设计过程中应当着重将其考虑在内，以便形成流通的室内风环境。

（三）社会因素

1. 减少财政损失

水资源可谓是人类赖以生存的根本。随着社会的发展，我国水资源逐渐减少，国家在为居民提供水资源时也产生了一定的财政损失。而装配式建筑中的节水措施无疑显得格外特殊，同时其优势也体现出来，不仅给国家带来了经济收益，同时也变相减少了财政损失。

2. 降低排污费用

装配式建筑不仅在节水方面有着突出的表现，它在污水处理方面同样有不俗的表现。装配式建筑在污水处理方面的不俗之处主要体现在以下两个方面：一是雨水的回收利用，二是污水的减排。

3. 提高就业人数

装配式建筑与传统建筑的施工有明显区别，装配式建筑施工现场更多的是组装拼接，这种现场施工方式在一定程度上增加了现场的技术工种，同时也最大限度地降低了操作难度，使更多的人可以选择建筑行业谋生，这为我国劳动力市场提供了更多的就业岗位，为缓解就业压力起到了积极作用。

4. 提高社会生产率

装配式建筑的预制构件通常先通过工厂机械化生产实现，而后在建筑现场通过机械化吊装完成，这极大地降低了工人的劳动强度，进而提升了工人的劳动效率。除此之外，工人劳动强度的降低，也可以在一定程度上缩短建筑工期、人工成本，由此可以看出装配式建筑可提高社会生产率。

5. 提高品牌知名度

装配式建筑是未来发展的主流趋势，随着我国装配式建筑的发展，在国内树立了许多典范，国内房地产开发商在使用装配式建筑的过程中，无疑提升了自身企业品牌形象。通过使用装配式建筑不仅可以提升企业品牌知名度，同时也可以使自身品牌的附加值得到提升，进而扩大市场占有率。

第二节　BIM 在装配式 PC 构件中的设计与应用

一、基于 BIM 的 PC 构件深化设计

（一）基于 BIM 的 PC 构件专业深化设计

1. 给排水管道预留孔洞

在装配式 PC 构件中，经常会涉及给排水专业预留孔洞的问题，通常情况下这些构件主要集中在厨房、卫生间这两个区域。在这两个区域预留孔洞时需要考虑以下几方面：①如何将预留孔洞位置准确地绘制在图纸中。②预留的管道是否符合现实中的安装。例如，在弯头安装处增加相应的弯头留槽深度，以此保障弯头安装之后与其他管道匹配。③构件中预留的道槽深度要与实际需要安装的管道规格相匹配，从而保障管道安装能够完美镶嵌在预留道槽之中。

为了避免对已铺设好的管道进行二次开凿，需要对预制叠合板的深化设计进行多方位考虑，如管道布设位置、管径、出管方式等。因此，在设计过程中，生产厂商可以利用三维开洞技术，并结合其排水专业技术预留孔洞，同时也要保障开槽的宽度和深度，以此保障现场施工的正常开展。同时，构件中钢筋布设位置及形状受孔洞形状及位置的影响，对此也要做出相应调整，可利用 Tekla Structures 软件的钢筋绘制功能解决这一问题，减少预留位置与钢筋敷设的冲突。由于软件中留洞操作基本依靠手动绘制辅助线，再进行异形切割，过程比较烦琐，因此可将孔洞按照不同形状进行参数化编辑，保存成用户单元，实现一键式构件自动开孔（洞）。最后利用浇注体图纸功能形成开孔位置图。BIM 可实现给排水专业预留孔洞的智能布置，并可为后期加工生产提供准确的定位图，降低构件加工出错率。

2. 基于 BIM 的预制构件电气专业深化设计

预制构件的综合管道布局设计是预制构件电气结构的详细管道布局设计。由于预制构件截面尺寸的限制，与宏观电气细节设计不同，预制构件要求更

高，在设计完成并精确制造后，预制构件与属于微尺度深层设计的嵌入式线盒的连接位置也会确定。预制构件电气专业的详细设计的主要注意事项包括：①目前专业线路和管线箱铺设位置的要求；②管线直径应考虑数量的影响；③如何实现电气管道后续施工的连接。

装配式建筑模块化设计后，利用 MEP、MagiCAD 等设备建模软件构建的电气专家模型被导入结构构件模型，并通过模型的相互指导传输到 Tekla Structures 软件中，考虑到特定要求，明确电池盒在模型中的位置。在软件中放置电气箱基本上是一项烦琐的任务，在切割混凝土零件之前手动绘制尺寸界线，因此可以根据不同规格的电气箱对孔进行参数化编辑，并存储为用户单元，以实现一键式布置组件自动放置电气盒，并设置电气专业中包含的电气盒和线管的参数。同样，还可以使用软件附带的功能自动生成图形。

（二）基于 BIM 的 PC 构件施工需求深化设计

1. 施工吊装

在施工吊装过程中起吊点以及采用何种方式起吊都需要经过仔细斟酌，具体可以将其细化为以下几方面：①起吊点的选择应当优先考虑预制构件的重心位置，这样才能保证预制构件在起吊过程中保持平衡状态，最大限度地避免预制构件的旋转问题；②当预制构件的生产状态与其安装形态一致时，其起吊点的选择应当与其生产脱模时的起吊点保持一致，这样选择起吊点的目的是尽可能保障预制构件安装之后的美观；③如果预制构件起吊点位置的选择会影响其外观，那么可以采用预先埋设下沉螺母的方式，这样不仅有助于预制构件的起吊，同时也可在一定程度上弥补其外观受损，在预制构件起吊结束之后，可以通过一些常规手段对下沉螺母的孔洞进行封堵；④在起吊安装时，还可能会发生吊装受力与安装受力不一致的情况，在这种情况下为了最大限度上减少预制构件的损坏，可以对预制构件进行临时加固。此外，吊环在整个吊装过程中也起着至关重要的作用，吊环布置的是否得当，直接关系到预制构件在吊装过程中的安全问题。另外，吊环的使用还应当充分结合结构力学的相关理论知识内容。合理进行受力配置和位置布置。

2. 一般构件吊环位置计算

吊环在整个吊装中起着十分重要的作用，从起吊开始直至安装结束，吊环承受了构件的全部重量，如果吊环位置的选择不恰当，其后果不堪设想。通常情况下，一般构件在吊装时都会安装两个吊环，且位置有着严格的计算方法和要求，其位置需要精确在长度方向0.207 L（L为构件长度），通俗来讲，吊环的位置在构件两段五等分点处。因为吊环在这个位置所受到的弯矩相当于梁中间所受的最大弯矩，从而使构件的承受力发挥至最大。

3. 基于BIM的吊环预制构件设计流程

吊筋计算在吊环预制构件设计流程中十分重要，可谓是关键性的环节，其计算是否科学合理直接决定了预制构件是否能够安全实现调运、安装、脱模。为此设计者应当高度重视吊筋计算。具体来讲，吊筋计算需要考虑几何位置是否合理和结构受力是否安全两方面。

4. 基于BIM的PC构件预埋件库

预埋件在整个预制构件设计过程中占据着较为重要的作用，这主要是由于在后续的吊装、脱模、安装及现场支撑等多方面，预埋件的作用将会展现得淋漓尽致。然而在当前市场中，预埋件相对较为复杂，无论是其型号，还是品种都显得繁杂无序，其根本原因在于预埋件的技术参数信息集中掌握在厂家手中，而设计者在设计预埋件时，只能结合自身的经验或者结合甲方所提供的预埋件类型展开设计，这些明显违反了标准化、工业化的设计理念，由此可以看出，建立一个预埋件库是极为必要的。具体来讲，可以运用Revit软件中“族”命令来建立预埋件的BIM参数化模型，将设计者需要掌握的技术参数、型号尺寸等汇总成一个模型库。在设计的过程中，设计者可以直接进行挑选，选取计算后的位置自动布置。预埋件厂家也应该对应标准库的参数，将自己产品的信息表达出来再进行销售。

（三）基于BIM的PC构件模具设计

随着流水作业的发展，模具的作用越发明显，它在一定程度上决定了项目的开展进程，预制构件模具同样具有这种功效。此外，预制构件模具也是PC构件深化设计的关键环节。从某种意义上来讲，模具的设计能够直接影响项目后续工作，如生产、安装等。为此随着住宅产业化的深度发展，模具设计也逐渐成为人们关注的焦点。从预制构件生产角度来讲，预制构件的模具设计直接影响着生产进度。除此之外，模具的深化设计还应当为后续脱模、起吊、安装等预留一定的埋件。

1. 基于BIM的模具设计流程

预制构件模具作为生产预制构件的重要器械，其精准度直接决定了预制构件的精准度，而通过 BIM 技术可以对模具的技术参数进行精准化设定，从而最大限度地上保障预制构件的精准度。

2. 模型信息的传递方法探究

伴随着科学信息技术的快速发展，BIM 技术水平也得到了明显提升，软件间的连接技术日益成熟。模具设计软件可以通过数字连接的方式来读取结构模型数据，这一技术的实现预示着 BIM 结构模型将实现全流程使用。

SolidWorks 是当前较为流行的三维设计软件，其原因主要是该软件可以较好地识别 IFC 模型格式，IFC 模型为国际通用三维模型格式。设计人员通过该软件可以将 Tekla Structures 或者 Revit 软件的模型转变格式，然后将其运用到模具制作中，这种转换方式可在一定程度上实现模具设计软件与 BIM 的无缝连接。然而事与愿违，当前模具设计软件的关键性参数和信息筛选的方式有着明显的区别，在这种情况下经常会发生数据丢失、遗漏等问题。

3. 建立参数化模具库

目前 PC 构件模具存在利用率明显偏低的问题，基本上属于一次性使用，在每次使用之后都需要重新制作，在这种情况下，很容易增加摊销成本。之所以会出现利用率较低的问题，主要是由于不同的工程项目，其设计都存在一定的差异，除了底模之外都需要设计专用的模具，最终导致模具通用性不足。如果建立一个标准化的 PC 构件库，按照尺寸对现有模具进行归类划分，同时将不同尺寸类型的模具进行组合来应对不同的建筑设计，这明显会降低模具成本，提升模具利用率。

二、BIM 在 PC 构件中的应用

（一）BIM 在 PC 构件工厂与生产中的应用

1. 预制构件的数字化深化设计

PC 构件的深化设计具有十分重要的作用，可以将其认定为装配式建筑的关键性阶段，它不仅决定了 PC 构件的质量，同时也关系着装配式建筑应用的成与败。从前文中我们了解到预制构件的设计与生产在工厂，而预制构件设计和生产的精准度，在很大程度上决定了后续安装精准度，这也是进行 PC 构件深化设计的主要原因。深化设计能够最大限度保障每个 PC 构件的准确度，从而保障在建筑现场安装过程中不会出现纰漏。但是在现实中，PC 构件的型号多样，通过人为操作很难保证不出现纰漏，而 BIM 软件则可以很好地解决这

一问题，通过BIM软件的精细化计算分析，可以将可能发生碰撞、冲突的构件进行检测，并在生产之前纠正其参数设置。PC构件深化设计工作人员在工作过程中，通过BIM软件对可能会发生冲突、碰撞的构件进行检测，并根据BIM生成的报告进行数据调整，从而完成PC构件的深化设计。

2. 建立预制构件信息模型

预制构件信息模型同样具有较高的价值，它不仅是后续预制构件设计、加工的依据，同样也是后期预制构件运输模拟的依据。此外，预制构件信息模型的精准度也在很大程度上直接影响预制构件的生产精准度，以及预制构件安装的结果。从本质上来讲，预制构件信息模型的深化设计就是各种信息整合的过程。在实际操作中可通过使用BIM软件，如Revit对装配式建筑模型进行预制构件分割。在进行预制构件分割时，务必要遵循机构力学、建筑构件功能的原理，同时也要考虑其他方面的问题，如生产制造要求、节能保暖、运输要求、耐久性等。例如，在满足结构和功能的情况下，尽可能实现预制构件规格尺寸与建筑模数相符，除此之外还要精简预制构件的种类，最终达到节约人力物力成本的目的。另外，在构件拆分过程中，尽量使用BIM的3D模型技术，在3D模型技术的帮助下，深化设计人员可以直观清楚地对构件进行拆分，进而避免人为失误，逐渐提升工作效率。

3. 参数化构件配筋设计

当预制构件拆分完毕之后，便需要对其进行配筋设计。配筋设计是一项繁杂的工作，这主要体现在预制构件配筋的工程量相当巨大，且在实施过程中对其精准度有着较高的要求。将BIM技术运用到预制构件配筋设计中，可以实现参数化设计。所谓参数化主要指的是通过运用参数，确定图元元素，同时确定模型组件之间的关系。具体而言，参数化设计可以通过参数的调整与变化准确定位构件形状和位置的特征。另外，参数化设计也可以尽可能减少人工重复性工作，提升工作的准确性。当对那些需要修改的图元进行参数修改之后，软件将会自动生成修改信息，并将修改后正确的参数信息传送至关联软件，从而避免人为二次重复操作，同时这也会避免因人为疏忽而导致不同图纸出现矛盾设计的现象。

4. 预制构件深化设计的常规碰撞检查

预制构件中的常规碰撞主要指的是各个预制构件之间的正常碰撞，如梁与柱、墙体与管线之间的碰撞，这些碰撞都属于正常的碰撞。而常规碰撞检查是预制构件深化设计的重要组成部分，在常规碰撞检查过程中，除了检查以上所提及的碰撞之外，还要注意检查其他位置的常规碰撞，如预留钢筋之间的碰撞、钢筋与套筒对接等，这属于常规碰撞的重点检查内容，其检查的精准度务必要达到毫米级别，这无疑向传统建筑技术提出了挑战，而想要实现毫米级精准度，无疑需要借助 BIM 技术的支持。

当前 BIM 技术主要支持两种常规碰撞检查方式，一是利用 BIM 模型三维视图进行检查。深化设计人员利用 BIM 模型三维视图，既可以实现整体检查，也可以实现微观细致检查，如对某个构件节点的检查。通常情况下，深化设计人员利用 BIM 模型三维视图进行微观细致检查，主要是边设计边检查。二是利用 BIM 软件自带碰撞检查功能展开全方位检查。BIM 软件自带的碰撞检查在对构件检查结束之后，会自动生成相应的碰撞检查报告，并在报告中明确标明碰撞的位置、构件名称、碰撞数量等，深化设计人员只需要根据报告对碰撞的相应位置进行一一修改即可，直至修改完善。此外常规碰撞检查也包含其他内容，如预制构件与现浇部分预埋固定件的冲突、预制构件之间的碰撞冲突等问题。

5. 模具的设计、构件加工和工程量统计

在逐步实现以上流程的前提下，可以将预制构件配筋模型制作成加工图纸从而完成预制构件生产，也可以将信息传输到自动化预制构件生产设备中完成预制构件的生产。

第一，根据模型的类别、型号，准备与之相匹配的模具，并对模具进行组装，这个准备组装过程同样可以放在 BIM 软件中完成，通过 BIM 软件的功能对构件进行检查，看看其规格是否有冲突、碰撞，同时在 BIM 软件上对构件模具的结构进行分析、校核。除此之外，在 BIM 软件上可以实施模具的虚拟组装、拆分，通过模拟的方式可以有效检验预制构件的合理性，同时也为后续现实安装提供了演示支持。

第二，在预制构件生产过程中，通过运用 BIM 软件可以实现对预制构件几何尺寸、钢筋位置以及预埋件位置的校核，进而保障预制构件的准确度。在校核的过程中，如若遇到与之不符的信息，则需要及时地订正，将其损失降到最低。

第三，工程量的精细化统计。在 BIM 软件中将材料统计量的明细表导出，在导出时可以结合实际的需求情况选用不同的信息内容，如构件尺寸、钢筋规格、钢筋用量、构件编码等，以此来指导预制构件的生产，此外也可以利用材料统计量明细表计算实现建筑预算。

（二）BIM在PC构件运输与施工中的应用

1. PC构件的运输方案

BIM技术在PC构件运输方案设计中的运用主要体现在以下三个方面：一是实时追踪对比。按照建筑现场施工计划情况，利用BIM技术进行分析并制定仓储区PC构件提取方案；二是PC构件运输过程的规划设计。利用BIM技术对PC构件的装车顺序、PC构件的组合顺序进行精准计算，从而生成科学合理的运输方案；三是与建筑现场的实时沟通，在建筑过程中为了减少现场PC构件存储量，同时也为了避免建筑现场出现因PC构件不足而停工的现象，通过BIM技术可以做到有效规划。

2. 施工阶段构件管理

BIM技术在施工阶段PC构件管理的运用需要充分考虑研究两方面因素：第一，构件入场；第二，吊装施工。建筑施工现场由于受场地范围的限制，PC构件的堆放如果规划不够合理，“找不到构件、找错构件”的现象将会频频发生。将BIM技术运用到建筑现场PC构件管理当中，可以对建筑现场的PC构件堆放进行细致化安排。例如，PC构件如何进场，PC构件堆放位置等，这些都会以专项管理方案的形式呈现。RFID又被称之为电子标签，通过RFID技术可以实现对现场PC构件的实时监控，不仅可以了解PC构件的吊装进度，同时也可以清晰看到PC构件的物理信息（生产、材料）。

另外，在施工阶段构件管理中加入PC构件运输和吊装4D模拟，能够最大限度降低建筑现场PC构件存放量，与此同时也可以避免PC构件的二次存储和吊装，也就是说当车辆到达现场之后，便可直接在运输车上完成吊装施工。在对PC构件进行接收检测时，通过BIM非接触式技术接收PC构件可以极大降低人工操作程度，在车辆通过接收检测设备时，运输车中的PC构件信息会自动录入系统中，这将大大提升现场现代化、信息化管理水平，将现场工作化繁为简。

3. 施工动态模拟

结合Autodesk Revit软件创建的专业模型，导出.nwc格式文件，导入Navisworks Manger、Navisworks Simulate等软件进行多专业碰撞检测和施工图4D动态模拟（也可以直接转换为.nwc格式导入）。将每个PC构件的安装时间信息输入Navisworks软件中，或者通过Microsoft Project（MSP）导入进度文件并将其与PC构件关联起来进行施工模拟模拟，4D（3D +）中的施工项目虚拟模拟。通过应用 BIM 技术，施工人员可以有效避免建筑信息传输过程中出现的延迟、错误、遗漏等问题，提高流程管理效率，改善现场安全问题，可以有效避免重做，降低返工的风险。

(三) BIM 在装配式建筑运营阶段的应用

运营阶段又被称之为物业管理工作阶段。所谓物业管理指的是受小区（园区）所有人的聘用，并签订正式聘用劳动合同关系，定期对小区（园区）内的建筑物、绿化、卫生、机电设备、公共设施等项目进行维护管理。当前物业管理主要工作的是保障上述所提及项目的正常运转。

1. 增强建筑设施信息管理

从 BIM 模型中能够直接查询到 PC 构件的属性信息，如 PC 构件的尺寸大小、规格参数信息、厂家信息等。除此之外，在 BIM 模型中也能够查询到与 PC 构件相关的其他信息内容，如施工安装图等。在现实建筑中，由于一些隐藏的 PC 构件很难被查看，给日后维修带来了较大的难处，将 BIM 技术运用到建筑设施信息管理之中，可以将这些隐藏 PC 构件信息记录清楚，为日后的维修和二次装饰工程的实施提供了便利，避免 PC 构件不必要的损伤。另外，BIM 技术在建筑设施信息管理中的运用，也保证了信息的单一性，如若在运营阶段建筑物的信息因施工等发生信息变动，其现有的建筑信息将会被记录在原有建筑信息内，这就避免了重新备案的烦琐。

2. 提升灾害应急和维护管理水平

在 BIM 技术以及 RFID 技术支持下所构成的信息管理平台，能够很好地维护 PC 构件和建筑设备的运营，与此同时也可以形成一套完成的运营维护系统。在运营维护系统中，建筑信息呈集成存储管理形式，它可以很好地辅助管理人员对建筑的日常运营维护，同时也能帮助管理人员处理应急突发事件。在利用 BIM 技术进行建筑日常维护的过程中，可以翻阅查看以往的维修信息记录，并结合这些信息内容提供更好的服务。与此同时，管理人员在查询以往信息记录的同时，也能将此次的信息录入系统中，为以后的检查使用提供便利。

从某种意义上来讲，BIM 技术能够帮助装配式建筑实现全寿命信息化应用。在 BIM 技术支持下的灾害应急管理预案能够为其灾害发生时提供行之有效的解决方案：首先，通过 BIM 数据库及 BIM 模型进行事故构件三维定位，并快速对事故构件的历史信息进行检查，从而掌握构件的具体情况；其次，依据 BIM 模型对其事故构件解决方案进行筛选，并找出最佳的解决方案；第三，结合 BIM 数据库的资料及 BIM 模型对灾害应急现场进行管理、指挥，这样可以避免大量查看图纸、资料的麻烦；最后，运用 BIM 技术进行灾害应急现场管理的同时，可以将其实时信息传递并保存至 BIM 数据库中，从而为后续管理提供相应的数据信息。

3. 建筑拆除改建

BIM 技术可以提供有关建筑物重建、扩建和拆除的详细工程数据。相关人员从 BIM 模型和 BIM 数据库中获取设计、施工、运营和维护各个阶段的所有建筑信息，以及重建、扩建和拆除工作。为制订计划和实际实施提供指导。同时，可回收的 PC 构件经过筛选和记录，用于回收或二次开发，以节省资源并避免浪费。

第三节　BIM 在装配式建筑中的模块化与组合式设计

一、BIM 在装配式建筑中的模块化设计

（二）模块化设计原理

模块化设计的一个基础就是模块。通过将标准模块以及非标准模块设计组合，模块可以拥有一定的功能与结构。模块可以通过标准接口与其他组件（或模块）形成范围更强的系统。模块化设计是借助“积木”形成一系列标准化的模型，同时也能配置成性能和结构差异较大的非标准模型，以满足不同用户的多样化需求。

模块在建设项目中通常涉及组件和组件模型。模块化设计，转换成另一种语言来表达就是，将整个系统的总体功能在系统功能分析的基础上分解为若干低层次、能够交换但又单独成立的单元基本模块。设计要求方面应考虑具体的用户，为了较快地设计出新系统（不同系列、性能、用途），应该注重综合选择模块。

在医院、公寓、酒店和教学楼等大型建筑中，有许多看起来比较相像的单元。为了达成由单元形成整体的转变，就不得不说到一个很好的选择，那就是模块化设计和使用预制构件。这种方式既能促使消费者的个性化需求和选择得到满足，又能最大限度地节省时间，赢得了开发商的支持，得到了建设方和设

计师的一致认可。基于户主需求是建筑设计的一大功能特点。功能特征设计应该成为整体设计的中轴（也就是主线）。功能在某种程度上是户主的映射分析结果，这一因素影响着整个设计活动。把概念的抽象化降低，以实现设计过程的具体化，是建筑设计的一个显著特点。建筑设计也即依照功能需求找到相应物理结构。

不得不提到，组件或构件具有不同功能和特性是开展基于 BIM 的模块化设计一个重要的基础。在这个过程中，充分将用户的需求考虑到设计中是不可避免的。建筑设计师在从模型库中选择相应的模块时要结合相应的功能特点，按照一定的拓扑结构组合模块，实现基于功能模块的建筑设计。

（三）标准化 BlM 模型库的构建

基于建立我国装配式房屋标准体系的要求，同时为了预制构件、组件的标准化、系列化程度提升，必要的时候应该对装配式建筑进行规范化与标准化设计。基于多个标准图集和装配式房屋工程实例，BIM 模型库标准化的建立离不开 BIM 技术，以及信息平台的开放化。装配式建筑的材料，从某种程度上说就是标准化集成模型（存在于 BIM 模型库中）。

BIM 模型（标准化的模型）对于上下游企业在市场上的组合、推广和应用发挥着十分有利的作用，它能够将关于产品、商户的一些必要的参数信息进行有效整合。根据一些标准图集（比如装配式混凝土结构国家建筑标准、沈阳市装配式混凝土叠合板及万科预制住宅示范工程等方面的图集），本书尝试完成标准化 BIM 模型库（在一定程度上是初始规模）建设。

1. 模型库分类标准化

具备丰富的资源是 BIM 模型库中模型的一个十分重要的特点，其中的模型包括标准图集和工程实例的积累等。所以可以说，模型库中有大量模型。假设不对其加以分类和总结，就会逐渐使其变得混杂。维护模型库在一定程度上应该得到适当的重视，同时更新也是必要的，因此需要针对 BIM 模型库中的模型进行分类及管理。本书试图将其分为五个二级库（这是根据模型性质与规模以及功能分的）：标准户型库、功能模块库、设备库、深化构件库和功能零件库。每个二级库又划分为若干不同的三级示范库（根据专业、类别、模块的特点来划分）。这样对模型库的分类管理、对今后模型库的维护和更新有着十分重要的意义。

2. 模型精度标准化

模型的细节层次是模型的细节程度，可以称为模型精度。这个概念切实定义了一种过程，这种过程就是粗糙又单一模糊的模型过渡成拥有完善的一些信息的高级化的模型。精度的概念最初由美国建筑师协会（AIA）定义，旨在促使每个阶段 BIM 模型的细节得到“澄清”，并促使项目参与者清晰化地了解标准。精度的描述主要用于两种情况：模型输出结果的确定，以及建模任务的分配。

对于 BIM 模型来说，模型精度一般分为 100、200、300、400、500 五个级别，涵盖了模型从概念到完成的全过程。对于 BIM 模型精度的标准化来说，有了精度级别，就相当于有了一定的依照标准。但是我们也应该明白在实际的运用中，任何项目难以从头到尾地完全遵照分类标准。相关人员会结合对于项目的一些必要的分析，灵活地适应标准。鉴于此，本书在一定程度上参考了必要的模型精度标准，根据用于装配式建筑标准化设计的 BIM 模型库的特点和用途，把 BIM 模型库中的模型分为三个层次：

第一，概念模型。概念模型即有着较为清楚又简易的空间定位元素，符合建筑体量分析的粗略轮廓模型。它最常在概念设计阶段出现，涉及一些面积、体积、材料等比较简单的信息。

第二，定义模型。这个阶段的模型含有一切相关解释数据和技术信息，在建模精度方面它的作用是识别模型类型和组分材料。建筑模型要涉及尺寸、面积、体积、方向、材料等信息；构件的连接方式、施工方法和钢筋等，都是结构模型中应该涉及的部分，并且在深度方面，其要达到 2D 图纸的程度；机电模型通常包含一些涉及管件、阀门、附件等的信息，其可以应用于施工进度和可视化计划。通过以上的分析，我们可以对于定义模型有一个比较深入的了解。

第三，深化模型。这一阶段的模型涵盖了有关生产和施工的全部信息，这些信息应该是十分详细的。这一阶段的模型中应该有一些二维图纸，这些二维图纸通常是构件加工图及施工图等。在此阶段，预埋件和预留孔洞应该被清楚地标示出来，详细准确的钢筋信息也应该有。在此阶段，模型更适合使用 Tekla 软件创建，该软件主要用于制造商的加工和生产。

从某种程度上来说，不涉及施工和运行维护是标准化设计过程的一个特点，这就导致 BIM 模型库中的模型精度仅到深化阶段。BIM 模型的最高形式是在竣工模型建立后，把施工和运行维护的各种必要信息集成到运行维护系统中，构建准确的模型。在施工过程中，一些必要的数据信息需要被不停地更新和添加进去，以助完工模型的建立。除了这些以外，将后面的阶段信息（比如关于操作和维护的内容）整合到模型中也是十分必要的，如制造商和维护记录，这样才能更好地促使模型得到维护与发展。

3. 模型库管理标准化

计算机管理系统对于BIM模型库来说是十分重要的。正是得益于计算机管理系统的辅助，该模型库才会良好运行。计算机管理系统一直都在BIM模型库中有着重要的地位，不管是创建、更新模型库，还是维护，抑或进行权限分配、检索，这些使用都不能离开计算机管理系统而独立存在。在这里我们需要重点提及一下权限分配这一部分，事实上它指的就是对于模型进行的编辑操作，比如上传、下载或者删除等。

说到管理系统，那么就不得不提到控制这一系统的一些角色，比如用户、管理员及编辑。管理系统的正常运用如何能够离开这些角色呢？答案是不可能的。那么这些角色的功能是什么？简单地说，管理员主要负责对BIM模型库进行日常管理，这一角色的权限在三者中是最高的，可以对于一些用户的权限进行限制。编辑主要负责维护和更新BIM模型库中的内容。最后从字面上理解，用户就是使用BIM模型库的角色。只有将这些角色的功能充分明朗，才能有利于BIM模型库的长久运用。

BIM模型库并不是一成不变的，就像我们使用计算机一样，也需要定期清理维护，对于其中的一些内容进行更新，这样才能让计算机更加高效地运行。BIM模型库也一样。上文中提到的一些角色如管理员和编辑等，应该将BIM模型库中的一些不合时宜的东西及时删除，同时补充一些最新的版本，这样BIM模型库的空间、功能才会越来越好，其中的数据也会更加清晰。需要注意的是，模型存储和检索的基础就是适当编码BIM模型库中的模型。BIM模型库中的模型来自多个工程实例和图集，并且类型和数量很多，这就导致很难对模型进行编码。

模型编码通常以三个字母数字段组成，中间部分由“-”分隔。格式为：××-××-××，第一个字段是模型所在二级库的代码，第二个字段是模型所在三级库的代码，第三个字段是模型的唯一属性定位信息。事实上，怎么促使标准化、统一的模型编码得以实现，还有赖广大学者的不懈探索。

二、BIM 技术在装配式建筑中的组合式设计

组合设计法，即详尽分析每个系统的功能都是什么，然后再把系统分成不同的单元，这些单元既是相互独立的又可以相互转换，之后再结合用户的一些具体的要求，将这些单元组合起来，将不同的功能和不同的用途快速结合起来。通过以上的论述，我们需要注意的是，在模块化设计过程中，应该深入了解系统的功能空间，这样才能按照一定的逻辑对这些空间进行重新组合，形成一定的单元，这些单元也是模块化的。之后，开展项目建设时也就是单元向整体转化时，采用组合设计和预制技术是一种合适的选择。该方法不仅符合用户的个性化选择，而且可以有效节约时间成本，切实实现效率的提升。

装配式建筑设计过程需要得到优化，但是这种优化离不开对于原则的遵循，即其设计也有一定的原则，只有符合原则，才能结合 BIM 技术不断优化传统的装配式建筑设计过程。在这个过程中需要以模块组合思想为指导，分析系统功能，之后再进行多样化设计。这一过程我们在上文中已经做了比较详细的分析，此处不再赘述。需要注意的是，要想保证设计的合理性和实用性，还需要通过一系列的后续计算分析，以实现装配式建筑设计效率的提升。

（一）设计整体流程

中国装配式建筑设计必须有一定的基础，也就是在设计之前应该把一些相关的问题考虑好，比如如何施工，如何设计拆分体系，等等。只有做好基础性的准备工作，之后，再结合建筑设计图纸（由建筑师提供），开展结构施工图设计，以及给排水、采暖、电气等设计，才能从整体上保证过程与结果的合理性。

从整体上开展结构设计的过程：首先，分析传统的现浇结构，以此为基础考虑如何设计；其次，进行拆分设计；最后，在前两步的基础上对于拆分构件进行深化设计，并且还要完成预制构件加工图，然后工厂结合图纸进行加工与生产，并由施工企业运至施工现场开展现场组装施工。此过程基于传统的现浇设计方法，构件拆分和深化设计是增加的部分。尽管从某种程度上说这样的设计方法相对成熟，但却容易出现设计精度不高、流程烦琐、协调困难等一些难以避免的问题。

在继承传统设计方法的基础上，基于 BIM 的装配式模块化设计优化了设

计过程。这种方法的显著特点是应用 BIM 模型库促使整个设计过程得以连接，将设计效率显著提升起来。该方法，先是对建筑的采光、通风等性能开展分析（当然这里利用的是 BIM 技术），之后择取最佳户型和住宅建筑平面与立面组合。下一步，需要进行的是对组合的整体进行计算，分析其合理性，在计算时应该结合一定的专业软件，还要考虑建筑模型组装结构部分。这样才能在计算分析的基础上开展深化修改，并告诉制造商，使其能够完成加工和生产活动。

逆向设计思想是模块化设计过程中体现出来的一种重要思想。设计师根据装配结构直接进行装配设计，从户型到生活建筑平面再到整个建筑，这与传统的“先整合后分离”的设计理念完全不同。BIM 技术存在于模块化设计的整个过程，其高度集成的数据将设计的精细度显著提高了，也在一定程度上避免了设计错误的发生，改变了装配设计的烦琐。

（二）BIM 组合式设计

影响建筑产业化程度的关键，就在于以 BIM 为基础的装配式建筑模块化设计方法。为更好地实现工厂生产、装配施工、装修一体化、信息化管理，就必须重视这一方法。鉴于 BIM 技术在设计过程中的应用，不得不说建筑、结构、给排水和电力之间的信息交换和传输变得尤为方便与高效，建筑的信息集成度更高。我国大部分装配式房屋主要采用剪力墙结构体系。所以，本书这里主要从建筑学和结构学的角度对装配式房屋剪力墙结构的模块化设计方法开展分析。

1. 建筑专业组合式设计

装配式房屋剪力墙结构体系在我国的发展情况是，其设计组成基本上都差不多，一般都有地下室，然后是地上楼层和机房楼层。地面上的很多楼层平面图是相似的，即使进行调整也是小范围并且结合需求。一层与机房层高于其他楼层。除生活区外，一楼还有一些必要的空间，比如说入口处一般都设有大堂，以方便人们活动，同时一楼还有一些其他的功能空间，比如招待外来人员的地方等。机房的建设面积一般都不大，毕竟只是用来放置一些设备的。

（1）户型设计

房屋内部为居民提供日常生活空间的平面布局形式，就是我们所说的户型。根据面积，房屋类型一般可分为小型、中型和大型。建筑面积在 50 m^2 以下的户型通常叫作小户型，中户型是 70 ～ 130 m^2 的户型，大户型基本上就是超过 150 m^2 的户型了。在住宅户型中，客厅、餐厅等属于公共活动区；书房、卧室等属于私人休息区；厨房、阳台等属于辅助区域。

以 BIM 开展户型模块化设计，旨在结合 BIM 模型库中的模块化功能模块，依照不同的功能需求，组合出多样化的户型布局，达到模块的适宜性统一，在考虑到建设的投入及建设的时间因素之外，达到标准化与个性化的层面。建筑师在思考设计什么样的户型的时候，通常需要用到 BIM 模型库，尤其是要在它的二级功能库中参考借鉴一些户型。在参考借鉴并创新性设计的时候，尤其需要考虑的是多样性、互换性和通用性，要将用户的经济能力和家庭结构，都考虑进去。

基于 BIM 模型库中的模型，对于户型装配开展设计，特别有利于启发设计师的灵感，让他们想到更加多的设计方法，实现多样化的设计。因为 BIM 模型的可视化和参数化特性具有一定的参考性，所以设计师在参考 BIM 模型库中的模型时，即使照搬照用也是没问题的，甚至还能节省设计师设计的时间，自然实现了高效率。但是需要明白，数量限制也是 BIM 模型库的一个缺点，这就导致其可能无法将设计要求切实满足。这种时候，就需要设计师发挥自己的创造性，他们应该以 BIM 模型库为基础，然后结合一定的设计要求，创造性地进行组合设计，综合利用多样化的资源。

（2）住栋平面设计

组成剪力墙结构住宅的生活平面是什么，一般来说是走廊、标准化核心筒以及标准化户型模块。前面也提到，一般第一层都有入口大堂，而机房一般在最高层。建筑设计师在设计完户型之后，还要设计一些辅助层面。在这一设计过程中，设计师同样可以在 BIM 模型库中进行选择、借鉴，利用 BIM 模型库中的模型资源来实现有机组合，从而完成整体上的布局。需要注意的是，一般追求的都是多样化的建筑平面，也就是多样化的布局，避免单一枯燥。

在平面拼装过程中，为了对住宅建筑的平面布置形式进行合理选择，应考虑区域差异、住宅性质等因素。此外，根据结构受力因素和综合美学，住宅建筑平面应尽量在对称轴线上左右对称。作为居民的居住单元，每种标准户型不仅是相互独立的，而且在某种程度上也是相关的。在平面中不同的功能模块之间一定会有交叉共享的地方，比如大堂和电梯之间，可以称之为“接口”。接口不仅被置于房屋类型之间，还被置于房屋类型内的各种功能模块之间。平面组合设计的关键就在于对接口的良好处理。

接口也分为不同的类型，有的是重合接口，有的是连接接口。就拿重合接口来说，它是指不同功能模块重叠的部分。而以连接接口来看，它表示其中一个模块在接口处是开放的，两个模块可以在没有冗余组件的情况下完美连接。本书探讨的 BIM 模型库，其中涉及的接口以重合为主。

平面设计中建筑师可以在重合界面处合理选择多余构件，对其删除，从而实现住宅平面模块间的有效连接。

（3）立面设计

标准化并不是说僵化和单一。在住宅立面设计中，立面设计以组合平面为基础，以色彩变化、构件重组等多种方式设计，形成丰富多样的立面风格，和周围的环境是相得益彰的，不会出现一些不协调的地方。装配式建筑最突出的地方在于装配式，这是它和普通建筑的区别所在。简单说，装配式也就是拼合、组装。在这个过程中不得不考虑预制墙体构件、功能构件。当然，组装运用的东西少，但类型数量却多，投入成本低，才是最理想的状态。这就需要建筑设计师在 BIM 模型库中选择合适的构件，尽量以最少的种类组合出复杂多样的立面形式。这样才是追求效率的体现。

2. 结构专业组合式设计

结构设计师在建筑专业设计告一段落后，结合建筑设计师的建筑模型，在 BIM 模型库中选择相应的结构模型开展装配设计。从某种程度上说，结构构件的布置是不一样的，因此一种建筑标准房屋类型可以对应多个结构房屋类型。根据具体的规格、标准和经验，结构设计师合理选择结构单元模块，并提前设计。此外，结构设计师还预先设计了辅助模块，如 BIM 预组装的核心管、走廊、入口大厅和计算机室，形成整体建筑结构模型的软件平台。通过这样的过程，结构设计师可以将 BIM 可视化与参数化优势相结合，以调整结构模型。

该模型是该结构的初步设计模型，需要借助计算分析，去验证设计的正确性和合理性。BIM 技术在装配式建筑中应用和推广的关键在于，怎么达成在 B1M 软件和结构计算分析软件之间传递数据。如今，国内主流结构设计软件正在积极开发与 BIM 软件有关的数据接口程序，以期促使模型数据的相互引导得到实现。

结构设计师根据标准化结构设计流程，通过 Autodesk Revit 软件中的外部接口程序，将创建的初步结构设计模型导入相关建筑结构设计软件中，进行整体结构性能分析。如果分析计算结果符合国家规范的规定，同时计算的配筋结果与所选结构构件的配筋信息相匹配，就能以此模型为基础开展后续的一些工作。如果计算结果和设计要求并不符合，则需要返回 BIM 模型修改，然后重复结构计算，直到计算和分析结果通过，以获得满足设计要求的结构模型。

3. 设备安装专业组合式设计

水暖电这几个专业，是 BIM 模型设备模块所包括的专业。设备专业设计师应该在开展 BIM 设计时得到一定的方便，为此欧特克（Autodesk）公司开发出了 RevitMEP 软件。MEP（机械、电气和管道）是英文缩写。2012 版之后，RevitMEP、Architecture 和 Structure 被合并到一个 Revit 软件中，MEP 由此成为 Autodesk Revit 软件中的一个模块，其功能在于水暖电的设计。本书所研究的设备专业标准化设计方法就是以此软件模块为基础开展的。

建筑模型设计告一段落后，设备专业的标准化设计与结构设计同步开展，将建筑结构设计的模块化理念延续了下来。建筑户型的设计决定了 MEP 的样板方案。结合建筑房屋类型，设备专业设计师在 BIM 模型库中对相应的水、热、电模型进行选择，加载到建筑模型中，并在 BIM 软件中进行微调，使其适应建筑房屋类型。电气专业要运用户型内各种电气附件的精确定位，如插座、电箱、预埋电气导管、预留线孔等，预制构件的选择也应该被考虑进设计过程中，以促使每个构件组装的房屋类型与电气模型匹配。

使用复制、镜像、旋转和其他操作完成所有房屋类型中 MEP 模型的设计。由于户外公共区域的水、暖、电设计相对复杂，包含与立管、多户型内部管线的连接，所以不适合在直接布置的时候运用标准化模型。所以说，有必要根据实际情况在 BIM 软件中手动绘制，然后有效连接各层水平管道，在相应位置绘制立管，连接各层管道系统，以此作为建筑内部的整体模型。对给排水管道进行水流分析计算在设计过程中也是非常重要的，尤其是对电气模型开展电力负荷计算，让设计的合理性得到保证。如果存在任何不合理之处，就需返回 BIM 模型修改和调整。借助碰撞检查，碰撞管道的位置得到不断调整，避免施工过程中碰撞和安装失败，最终满足设计要求且实现无碰撞的整体设备模型设计。

（三）专业协同设计

建筑工程的实施需要各个专业设计之间的沟通，不能孤立地进行，否则很不利于高效率的实现。所以这里不得不说的是专业协同设计，也就是相关专业加强信息沟通，了解彼此的参数化设计，甚至避免错误、遗漏，将冲突和不足在源头上就解决，以此促使设计效率和质量得到改善与提升。专业协同设计也分为不同的类型，这种分类是基于信息沟通的方式。有的专业协同设计是在同一 BIM 协同平台上开展，有的则因为各方面的限制，比如空间与时间的差异而先是独立进行，然后再通过模型连接进行协作。这都是需要相关人员结合自身的需求来选择运用哪一种方式的，只有方式选对了，才能从整体上协调开展设计工作。

一般来说，采用第二种方式，也就是先各自独立设计再通过模型连接进行协作。本书也将重点放在了第二种上。具体来说，这种协同设计强调的是整合，即在各专业模块设计独立进行完后，开展一定的整合。在整合的过程中，去调整每个部分的内部。这种方式的进行也是以 BIM 协同平台为信息交流基础的。需要注意的是，在整合的过程中，相关人员也会产生思想上的碰撞，这十分有利于调整与优化。比如说，相关人员通过 Navisworks 软件，去分析设备模型与结构模型之间是不是有冲突存在，之后在分析的基础上去结合实际安装要求进行必要的调整。这样可以促使之后的工期和成本是可控的、合理的。

专业协同设计对于建筑设计来说有着多方面的意义，其作用是十分显著的。首先，它肯定保证了各个专业设计部分的协调，使得各种不必要的冲突得以避免。其次，设计、生产和施工等分别是有机整体中的一部分，而专业协同设计使得这几个部分有效组成了整体，十分有助于建筑项目建设顺利进行。

（四）基于 BIM 的构件拆分

完成好预制构件的“拆分设计”，在装配式建筑中是十分重要的一环，其也叫作“构件拆分”。事实上，在早期规划阶段进行专业干预，以确定装配式建筑的技术路线和工业化目标，才是正确的方法。在方案设计阶段，创建方案时结合既定目标和构件拆分原则，促使方案更加合理，这样才能有效减少由前后脱节导致的设计错误。借助构件拆分，预制墙板的种类和数量得到了优化，预制构件的种类和数量也减少了。

预埋设备、生产模具的摊销、构件的吊装、塔吊的连接、构件的运输等，也应被考虑进构件拆卸过程中。全面分析设计的每个方面，若拆分组件是困难的，就不应该拆分。除了满足相关建筑规范的前提外，构件拆分还应将工程造价考虑进去，以更好地促使预制率提高、施工成本降低。

拆分完构件后，根据拆分预制构件的外形尺寸、钢筋信息混凝土等级等，在BIM模型库中将匹配度最高的构件模型找出来，进入模型构件的进一步设计阶段。与传统的二维拆分设计相比，基于BIM的构件拆分选择包含可视化、集成化的特点。在三维模式下，它不仅可以将预制构件更直观地表达出来，而且可以将预制构件的参数信息传递到预制构件生产阶段甚至装配施工阶段。

由此可见，与传统设计过程相比，基于BIM技术的装配式房屋组合设计方法具有可视化、参数化、数据集成度高、模型图关联性强等优点，从而在活动板房标准化的基础上实现多样化组合，优化活动板房的设计效率。BIM模型数据信息传输的准确性和及时性，在一定程度上促进了住宅产业化的发展。

第七章　基于 BIM 的装配式建筑与信息共享

本章为基于 BIM 的装配式建筑与信息共享，主要介绍了两个方面，分别是基于 BIM 的装配式建筑构件的可视化分析和基于 BIM 的装配式建筑信息共享平台构建。

第一节　基于 BIM 的装配式建筑构件的可视化分析

一、可视化系统的可行性

（一）技术可行性

为实现基于 BIM 的装配式建筑构件的可视化，可以使用 JetBrainsWeb Storm 2020 作为可视化系统的开发工具，首先通过使用 Autodesk Revit 软件进行基本架构的三维建模，然后再利用 Three.js——一种基于 WebGL 技术的轻量级引擎对模型在 Web 端加载及渲染，最后在进行建筑内部漫游时使用射线碰撞检测算法。

建立在开源 Intelli JIDEA 平台之上的 JetBrainsWebStorm 是 JavaScript 开发编辑器中比较智能的一款，它能够在编写过程中检测到所编写的程序中可能存在的错误和赘余，这样开发人员编写出来的程序会更加清晰明了、代码会更加简洁可靠，这样会更加容易达到预期的功能。JetBrains WebStorm 还可以提供非常丰富的内置工具，这些种类丰富、功能强大、适用性广的内置工具可以帮助开发人员利用语言和框架的支持实现对 Web 的自由开发。Autodesk Revit 软件是如今三维建模软件中使用率最高且发展较为成熟的。作为 WebGL 中轻量级的开源库，Three.js 只需要编写一小段简单的 JavaScript 脚本便能够成功搭建出三维场景，不需要再安装任何插件，具有操作性容易、适应性较强和扩展性较好的优点。所以，基于 BIM 的装配式建筑构件的可视化从技术方面考虑是可行的。

（二）经济可行性

JetBrains WebStorm 2020 和 Autodesk Revit 这两种工具都是免费软件，直接在互联网上下载和安装后就可以使用，由于 Three.js 库是开源代码，所以与其相关的知识和操作方法可以在学校图书馆中的相关书籍和文献或者互联网上获取。所以，基于 BIM 的装配式建筑构件的可视化从经济方面考虑是可行的。

二、系统的总体设计

基于 BIM 的装配式建筑可视化系统的功能总体上分两部分：一是由用户登录模块、个人信息模块、建筑信息模块、模型显示模块、模型交互模块、漫游模式模块及帮助模块这七个模块所构成的前端系统；二是由登录模块、个人信息管理模块和构件信息管理模块这三个模块所构成的后端功能模块。因此，基于 BIM 的装配式建筑可视化系统的总体设计可细分为前端功能模块设计和后端功能模块设计两部分。

（一）可视化系统前端功能模块设计

对基于 BIM 的装配式建筑可视化系统前端功能模块的设计如下。

1. 用户登录模块

在使用基于 BIM 的装配式建筑可视化系统时，用户首先需要注册一个用户名和密码，此时系统将自动根据注册信息建立与此用户名和密码相对应的数据库，然后用户可以使用注册的用户名和密码登录系统，系统在获取输入的用户名和密码后与数据库内的数据进行匹配，只有输入的用户名和密码均正确，系统才会允许账户成功登入。

2. 个人信息模块

在成功登入基于 BIM 的装配式建筑可视化系统后，用户可以查看注册账户时填写的个人信息，如邮箱地址、电话号码等，并且可以根据自己的喜好和需求，对此账户的个人信息进行修改，当用户在修改账户密码的同时，系统将自动更新数据库中与此账户相对应的数据，在下次登录系统时，用户将只能使用新设置的密码才能成功登入。

3. 建筑信息模块

有关建筑的信息，比如建筑的占地面积、建筑层数、层高、整体高度等都是在建筑信息模块里展示的。用户通过这些展示的信息，能够对该建筑模型的整体情况产生具体的认识。

4. 模型显示模块

模型显示模块的作用是在Web端中将装配式建筑以模型的形式展示出来，从而使用户更直观地了解建筑。

5. 模型交互模块

模型交互模块是用户与模型进行互动的一个模块，在此模块的作用下，用户可以使模型进行平移、缩放和旋转等一系列交互操作，这样可以方便用户对模型的整体结构进行全方位查看，还可以通过点击模型某一部分，查看点击部分构件的详细信息。

6. 漫游模式模块

漫游模式模块是对建筑内部进行漫游操作的一个模块。在漫游操作中，用户就像在现实生活中进入一个建筑里面一样，用户将更加生动和清楚地了解到建筑内部的结构及整体的框架，体验感大大增加。同时，还可以通过实现与障碍物的碰撞检测等操作来增强真实感。

7. 帮助模块

帮助模块可以解决用户在使用基于BIM的装配式建筑可视化系统时所遇到的一些常见的问题，从而帮助用户更好地进行交互操作和漫游。

（二）后端功能模块设计

1. 登录模块

当管理员需要使用基于BIM的装配式建筑可视化系统时，需要从后端的登录界面使用已设置好的管理员账号进行登录。数据库会自动将输入的管理员账号与数据库中的数据进行比对，当输入的管理员账户与数据库中存储的数据匹配成功时，便可以顺利进入管理员界面。

2. 个人信息管理模块

管理员在通过管理员账号成功进入基于BIM的装配式建筑可视化系统之后，可以通过其特有的权限进行个人信息和用户管理权限的查看，并且可以进行个人信息的修改、各种权限的设置以及系统的维护。

3. 构件信息管理模块

构件信息管理模块是负责存储建筑的各个构件信息的。在用户对某一构件的信息进行查询时，系统可以通过该模块从中调取对应构件的全部信息并显示给用户。

第二节　基于 BIM 的装配式建筑信息共享平台构建

一、装配式建筑供应链信息共享内容分类

装配式建筑不同的供应链对应着不同的信息共享内容和结构，依据其自身的特性，产生了不同的信息共享内容和模式。只有在充分了解了其产品和服务并且详细分析了产品与服务能够表现出的信息类型之后，才能对装配式建筑供应链信息共享的内容进行分类。梳理供应链中各个参与方之间的信息共享内容，有助于更有条理性地研究装配式建筑供应链的信息共享问题。

（一）以信息的来源为依据

装配式建筑供应链中的主要信息可以分成内部信息和外部信息两种。内部信息是指包括项目概况、成本信息、人员信息和进度计划等，在项目全生命周期中，装配式建筑供应链内部所产生的与业务相关的信息。这些信息均与装配式建筑项目相关；外部信息是相对于内部信息而言的，这些信息虽然是在装配式建筑供应链的外部环境中产生的，但是对项目运作的影响也是非常重要的。外部信息主要包括政府有关部门对装配式建筑出台的相关政策和装配式构件的市场价格变动。在这两种信息中，外部信息在交换流动过程中的流动范围小，形式较为固定，变化相对较小，而内部信息则是在项目的进行中由参与项目的装配式建筑供应链的各个参与者时时刻刻都在进行的交流产生的，因此内部信息的交换对象更多，过程更加复杂，并且信息的交换对保证项目的安全与进度都有着相当重要的意义，所以，相对于研究外部信息，研究内部信息更有意义。

（二）以信息属性为依据

根据共享信息的不同属性，可以分为研发、生产、需求、预测、物流、服务六个种类。由于装配式建筑供应链的所有参与方都会在不同的阶段参与信息

共享，因此每个参与方在供应链中发挥的职能也是不同的，这就使得参与方生产出的信息共享内容也是不同的。

二、BIM 信息共享平台的构建

当前，建筑业迫切需要转型升级，BIM 技术具有可以实现建筑设计标准化的优势，可以帮助各参与方按照同一标准运用 BIM 技术，提高参与方在项目进行中产生数据的通用性，使数据能够在各参与方之间共享的兼容性更好，这样将有助于提高各参与方的工作效率。BIM 技术的出现是顺应当前建筑业发展趋势的，对于改善建筑业目前信息共享不畅的现状是非常有效的。

在运用 BIM 技术的建设工程项目中，不同阶段的各参与方之间的配合不够默契等问题仍然存在，例如在设计阶段中设计单位所使用的 BIM 模型与施工阶段中施工单位运用的 BIM 模型是有差别的，BIM 模型的不同必然使两单位之间的信息交流容易出现偏差和误解，从而使得设计单位和施工单位之间的相互配合不能够做到完美无暇。交换的数据不兼容，信息共享渠道不顺畅，将会导致装配式建筑供应链全生命周期的信息整合管理难以完成。BIM 技术的实用性降低，必然会降低 BIM 技术应用在项目管理的价值。因此，为装配式建筑项目全生命周期的整合管理提供高效的工具，保证项目的有序运作，建立基于 BIM 的装配式建筑供应链信息共享平台简称“BIM 信息共享平台”是非常必要的。

（一）BIM 信息共享平台的总体架构

在 BIM 信息共享平台的建立过程中，构建总体架构是非常重要的一个步骤，从概念结构方面来看，通过对 BIM 技术在装配式建筑供应链中各个主要阶段信息管理所有参与方和应用的考虑，BIM 信息共享平台构建了装配式建筑供应链的结构框架，即通过创建特定的 BIM 数据解决装配式建筑项目在不同阶段的需求，并针对装配式建筑项目的不同阶段构建出符合每一个阶段特性的信息模型。在 BIM 信息共享平台中，通过对上一个阶段信息的收集、提取、扩展和整合，从而形成下一个阶段。随着这种流程的不断重复，装配式建筑项目将逐渐向前推进，最终形成系统的 BIM 信息模型。

要完成一个完整的系统，从下到上需要由数据层、模型层、交互层及应用层这四层组成。

一是数据层。数据层是 BIM 信息共享平台的核心数据库。在装配式建筑项目运行过程中，所有与项目相关的数据都能够分为可结构化的 BIM 数据和记录文档数据等。对于这些数据的存储可以采用不同的数据库对其进行分开存储。其中的相关结构化数据可以使用基于 IFC 的数据库进行存储，通过建立 IFC 模型和文档之间的联系来完成装配式建筑项目运行过程中所产生数据的存储。

二是模型层。模型层中基础建筑信息模型的创建任务，由参与装配式建筑供应链的设计单位负责完成。该模型可被用于装配式建筑供应链的全生命周期的所有阶段。装配式建筑供应链的各个参与方都可以利用 BIM 信息共享平台，根据当前项目所处阶段和对于信息共享平台的需求，传递和处理一系列与项目相关的数据，生成能够满足要求的模型，并及时完成信息共享。这些模型种类比较多，主要有策划信息模型、设计信息模型、成本信息模型及施工信息模型等；也可以是某个问题对应的安全信息模型或风险信息模型等。

三是交互层。交互层是基于 aecXML 标准的网络交互平台，通过利用装配式建筑项目信息门户或 Autodesk Buzzsaw 应用软件等能够实现供应链各参与方对于数据库中数据的访问、更新、补充和下载。虽然装配式建筑供应链的各参与方的办公是分散的，但互相之间的交流可以利用 BIM 信息共享平台畅通有序地进行。

四是应用层。应用层主要由装配式建筑项目设计阶段采用的建筑设计软件、施工阶段采用的项目管理软件和成本管理软件等项目不同阶段参与方所采用的应用软件组成，既可以实现装配式建筑供应链的各主要职能的协同管理，也可以根据应用层实际应用时反馈的信息为决策提供实践依据。

（二）BIM 信息共享平台的建模流程

第一步，分析装配式建筑供应链中的主要业务，并选择与业务流程对应的信息子模型视图。如果未生成信息子模型视图，则必须根据 IDM 生成相应的信息子模型视图。

第二步，完成 IFC 文件的导出，使用信息子模型视图和子模型提取技术从 BIM 信息共享平台的 BIM 数据库中提取信息子模型，然后导出 IFC 文件。

第三步，应用程序系统可以导入从 BIM 数据库导出的 IFC 文件，并共享装配式建筑项目的相关信息。还可以根据信息共享运行后续业务，并共享新信息，流程中的新信息与原始信息合并，然后导出 IFC 文件。

第四步，将从第三步导出的 IFC 文件整合到 BIM 数据库中，完成 BIM 信息共享平台的建模过程。

第八章　应用案例分析

本章在前面研究的基础上，结合装配式建筑工程实例，说明了基于BIM技术的建筑工程产业化发展管理思路与实现途径，通过对应用效果进行分析，印证了BIM对建筑工程产业化发展的推动力度。本章以混凝土结构的装配式住宅为研究对象，主要从项目设计、项目施工、交付验收阶段展开分析，以项目的实施过程为主线，分析了BIM技术对建筑工程产业化发展的推动作用。

第一节　项目背景与工程概况

随着社会经济的快速发展及对城市功能和城市形象的要求日益提高，国家对城市的建设与发展也提出了新的标准和新的要求。《国务院关于促进房地产市场持续健康发展的通知》（国发〔2003〕18号）中指出：房地产业关联度高，带动力强，是国民经济的支柱产业。促进房地产市场健康发展，是提高居民住房水平，改善居住质量，满足人民群众物质文化生活需要的基本要求；是促进消费，扩大内需，拉动投资增长，保持国民经济持续快速健康发展的有力措施；是充分发挥人力资源优势，扩大社会就业的有效途径。实现房地产市场持续健康发展，对于全面建设小康社会，加快推进社会主义现代化具有十分重要的意义。为进一步推动建筑工程产业化发展，提高居民人居环境质量和居民生活水平，优化城市土地资源配置和空间结构布局，促进城市经济社会又好又快发展，A市政府下发了《A市人民政府关于进一步加快装配式建筑的实施意见》，对启动早、实施快的装配式建筑项目给予鼓励和奖励。同时，鼓励装配式建筑连片、整体发展，并给予适当政策倾斜。主要的建筑工程产业化发展文件规定，为进一步加强建筑工程产业化，提高人居环境质量和居民生活水平，优化城市土地资源配置和空间结构布局，A市要大力推动装配式建筑快速和谐实施。省领导在考察时强调，装配式建筑工程发展一定要打开城门，拓宽视野，吸取外地先进成熟的设计、施工理念与项目管理经验，吸引国内有信誉的开发商和总承包商，争取一步到位，后来居上。近年来，A 市外向型城市建设步伐明显加快，迎来了新一轮经济建设和城市建设的高潮。本案例中的装配式住宅项目（以下简称“本项目”）以增加建筑的科技含量及改善 A 市居民居住及企业的办公环境为前提，切实为用户提供一个理想的居住生活空间，有利于改善居民的生活环境，提升城市形象，为 A 市居民提供一处高品质的住宅小区。工程设计原则：设计中以“创造美丽的绿色生态系统城市空间”为线索，以“实用、舒适、方便、整洁”功能定位为依据，并注意与周围的景观、建筑紧密结合，互相呼应，协调一致，形成一个整体，构成一个完美的建筑群，创造一个集居住、生活、休闲、休息、购物、活动为一体的空间。具体要做到：①贯彻“科学论证、严密规划、实事求是”的原则，强调居住、休闲、活动等系统功能；将功能定位作为该项目总体设计的出发点，在客观分析社会各阶层居民的需求和愿望、当地经济发展水平、房地产市场现状的基础上，确定该项目的建设标准；②贯彻“先进、经济、实用、舒适”的原则，体现时代特色，建筑要符合 21 世纪的建筑风格，在对住宅楼造型、设计、结构进行综合分析比较，并听取群众意见的基础上，提出可行的设计方案；③认真贯彻国家有关环保、安全、消防、能源等规定和标准，重视自然环境，对自然要素的保持和创造贯穿于该项目的设计中，建设高标准的、现代化的居民住宅；④适应当前经济发展水平，在满足居民当前需要的同时，要注意将来的发展；⑤突出多元化、人本化、立体化、生态型及可持续发展等特点，同时富有地方特色及场所个性、主题明确、功能合理、流线明晰、形态优美、整体和谐，具有艺术魅力与文化内涵。

在以上背景下，项目决策层决定采用装配式建造体系完成项目的建设工作。本项目位于 A 市高新技术开发区，总建筑面积为 10.7 万 m^2，地下建筑面积约为 2.8 万 m^2，住宅建筑密度为 19%，绿地率为 35%，住宅户数为 694 户，居住人数计划 1838 人，容积率为 2.8，停车位为 1254 个。本项目包括 9 栋住宅楼、幼儿园和车库。装配式建筑面积占地上建筑面积的比例为 100%。

在项目实施初期，基于 BIM 技术将设计、施工、制造、物流等进行统筹，建立协同管理体系，通过信息化技术把设计理念和协同管理思想贯穿到整个项目中。在本项目中设计方和总承包方对 BIM 技术应用投入较多，具备组织 BIM 团队的能力，考虑到其他参与方对 BIM 技术的应用程度存在不同，本项目以总承包方为主导，开展BIM的实施与研究工作，结合项目现状和企业组织管理模式，以总承包单位为主导进行BIM团队总体架构，建设单位负责总体协调工作。

第二节　承包模式与供应商选择

一、承包管理与实施流程

在施工准备阶段，BIM团队对设计院出具的设计成果进行设计深化，减少设计图纸中的软、硬碰撞及错漏碰缺，提高设计成果质量，避免施工过程中的返工、返修现象。在物资采购中,BIM团队综合运用了德尔菲法-层次分析法-优劣解距离法，建立供应商评价模型，实现物资供应商最优决策，为项目实施期间物资供应提供保障。在项目实施过程中，BIM团队运用BIM技术对施工组织设计进行优化，提高了项目各分包商和各个施工阶段的协同工作效率。因该项目为装配式建筑，施工中垂直运输频繁，且对支撑体系要求高，因此在项目安全管理过程中结合项目特点，深度运用改进的层次分析法对项目的安全风险及事故隐患进行分析研究，制定并完善风险控制清单，提前制定相应应对措施，为避免项目安全事故，保证安全生产提供保障。

（一）承包模式与供应商选择

①承包模式选择

装配式建筑是一项系统性很强的工程，EPC承包模式不仅促进了设计、生产、装配的一体化实施，更是实现了设计、采购、施工的一体化整合，对装配式建筑而言实现了设计主导作用的充分发挥，有利于实现设计施工的深度融合。在装配式建筑中，EPC承包模式无论对建设方还是承包方，项目管理相对简单，责任比较明确，能够较好实现项目参与方的协同工作，有利于对工程工期和成本进行控制。装配式建筑倡导施工设计一体化，各个专业之间互为条件，相互制约，在项目实施前期，大量施工及安装工作需要完成，这就需要设计方与施工方深度配合制订最优化、最合理、最经济的项目实施方案，最大限度实现节约成本、提高效率、缩短工期、提升品质的建设目标，建设质量最优、效益最优、体验最优的优质工程。

在装配式建筑中，EPC 承包模式和传统常用的设计或施工总分包模式的主要区别在于建设方提供的招标文件中设计的深度不同。在装配式建筑中主要体现在建设方对项目的概念设计进行把控，为总承包商后续设计进行提资及一体化实现提供条件，提高承包商的优化主动权，进而提高项目效益。在项目前期，总承包商工程部和设计部针对施工过程中所预见的问题进行了提前沟通，有效提高了项目的协同管理水平。

本项目投资建设方在充分考虑各类承包模式的基础上，经过各类承包模式的优劣比选分析，决定采用 EPC 总承包模式建造。

②供应商选择

物资管理是装配式建筑实施过程中的一个关键环节，对建筑项目工期、质量、成本等目标的实现起着重要作用。基于 EPC 承包模式视角合理地选择物资供应商能够较好地解决项目实施过程中频繁出现的物资供应与进度计划的协调性差、采购数量及供应的时效性差、产品形状及尺寸的精确性差及供需关系导致的成本稳定性差等因素导致的一系列问题。物资供应商选择流程图如图 8-2-1 所示。

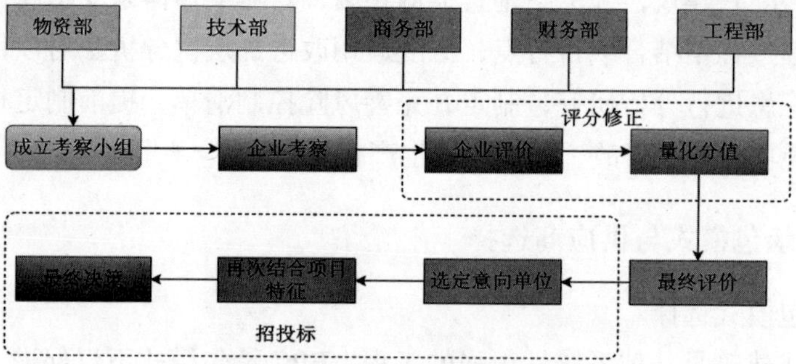

图 8-2-1　物资供应商选择流程图

（二）项目实施流程

1. 工艺优化

在设计阶段，不仅要考虑如何减少构件的种类，提高构件重复率，而且还要考虑机械生产、构件吊装、模块连接及连接点的安全性能和防水性能。BIM 技术在此阶段发挥的主要作用是：第一，利用 BIM 技术进行建筑工程的精细化建模，对建筑构件进行拆分；第二，利用 BIM 技术设计出能够重复利用的构件，建立自由组合的模块库。

在装配式构件生产阶段，项目管理人员和构件生产厂家进行了深度的技术交流，在构件生产厂家原生产流程的基础上进行了优化，目的是实现项目管理目标的高度一致，使加工生产模式更加符合项目管理特点，以提高构件的生产精度和质量，同时做到生产过程有迹可循，提高施工过程的可追溯性。预制构件施工工艺图如图 8-2-2 所示，生产流程图如图 8-2-3 所示。

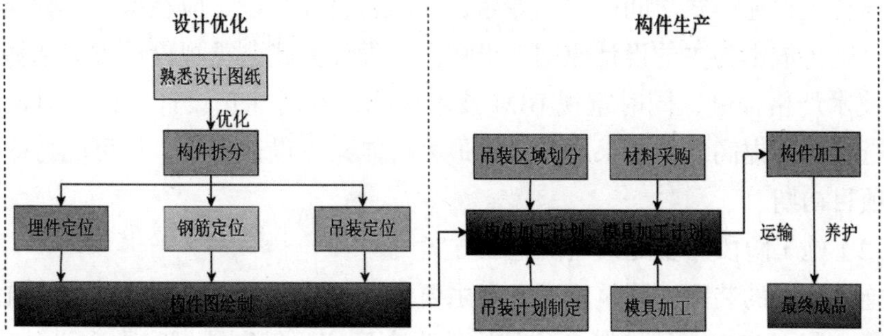

图 8-2-2 施工工艺图

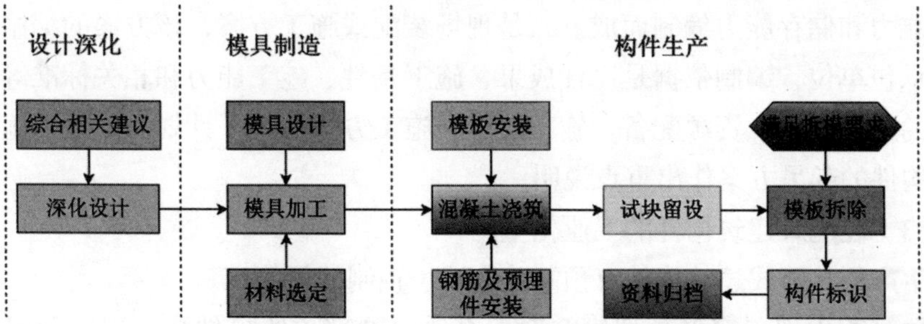

图 8-2-3 生产流程图

BIM 技术在此阶段发挥的主要作用是利用 BIM 技术的自动统计功能和加工图功能，实现工厂精细化生产。

2. 实现途径

在运输环节，对于施工现场而言，构件吊装的次数越少、需要的连接点越少，项目的生产效率就越高。但是划分的模块越少将会导致每个构件的体积就越大，其重量也就越大。在我国运输车辆高度大于 4m，宽度大于 2.5m，长度大于 18m 的车辆上路是受限的，因此如何解决大构件需求和运输限制的矛盾需要在生产之前进行考虑，另外还需要考虑施工现场吊车的起吊能力。BIM 技术在此阶段发挥的主要作用是通过现场吊装和施工模拟，优化装配式建筑施工。

在本项目中具体实施步骤及内容如下：

（1）设计阶段的装配式建筑图纸设计

建设方在招标前完成项目的概念设计，明确项目的功能定位、基本功能需求、项目的规模、总投资和工期等。招标后由 EPC 承包商设计部完成施工图设计，BIM 团队结合生产厂家在设计阶段开始介入，对设计成果进行优化，并出具相应的施工图，再通过 EPC，承包商设计部复核后实施。为减少装配式建造模式与传统作业模式之间的成本差距，在项目设计阶段，应在保障工程质量前提下，坚持成本为主的设计原则，推行限额设计方式，重视设计方案选择，对施工技术严格控制，同时重视 BIM 技术应用，及时纠正设计错误，对设计成果进行优化，提高设计成果质量，尽最大可能减少设计变更，尽可能将变更控制在项目初期。

（2）施工阶段的装配式建筑施工方案

施工阶段的装配式建筑施工方案主要由两部分组成：一是装配式建筑的生产运输方案，该方案的编制主体是构件生产厂家，编制依据主要由设计成果、总承包商提供的项目实施进度计划及作业区域的运输路线等基本资料结合企业生产能力和储存能力编制而成。二是现场装配式施工方案，该方案的编制主体是总承包单位，编制依据是设计成果、施工条件、施工能力和相关标准等，对项目的施工进度，资源配备，施工安排和施工方法制订了计划和保证措施，尤其对构件的起吊方案作出重点说明。

（3）装配式建筑构件的工业化生产

生产的装配式建筑构件有预制剪力墙、预制楼板等。

预制剪力墙，底部预埋钢筋对接套筒，腰部预留拉件孔、顶部预留次梁安装口，其他周边预留连接钢筋，如图 8-2-4 所示；预制楼板，只制作一半（6 ~ 8 cm，兼作模板），上面预留约 6 cm 现浇混凝土，除底部外的其他三面预留连接钢筋，预留线管穿插孔洞，如图 8-2-5 所示。

图 8-2-4　预制剪力墙

图 8-2-5　预制楼板

装配式建筑构件工业化的生产流程图如图 8-2-6 所示。

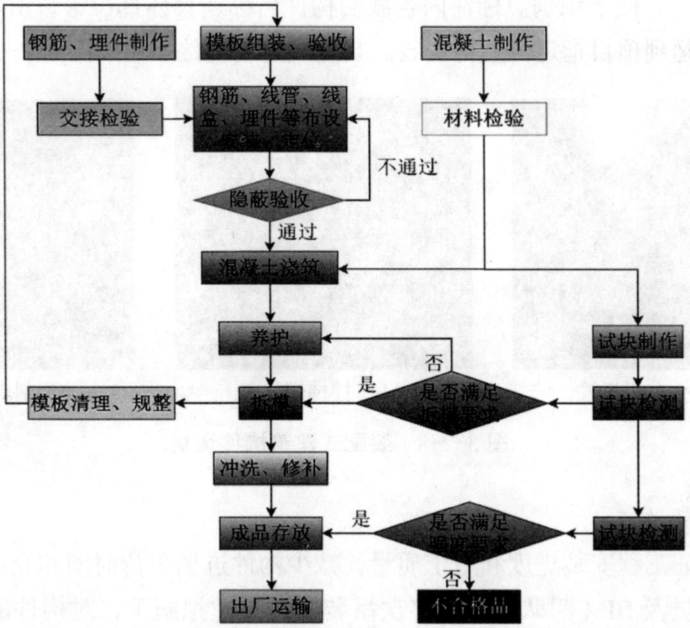

图 8-2-6 装配式建筑构件工业化的生产流程图

实施步骤：钢筋制作──→钢筋安装（含套筒）──→浇筑混凝土──→构件的初级养护──→毛化处理──→蒸汽养护──→检验合格──→进行编号准备出品。装配式建筑构件的主要施工过程如图 8-2-7 所示。

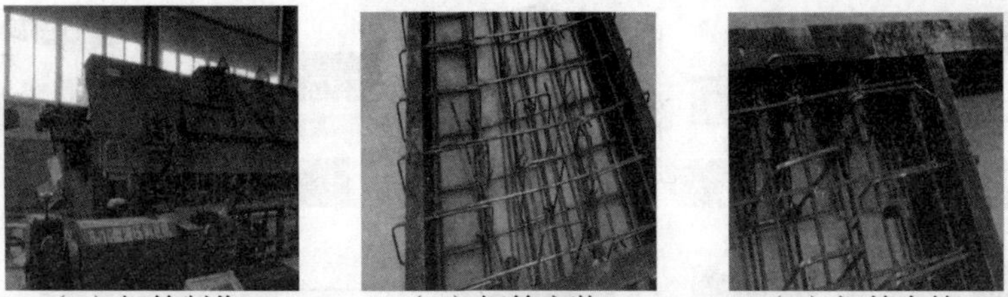

（a）钢筋制作　（b）钢筋安装　（c）钢筋套筒

（d）浇筑混凝土　（e）构件的初级养护　（f）毛化处理

图 8-2-7 装配式建筑构件的主要施工过程

装配式建筑构件生产完成经检测合格后，要对其进行编码，在构件显眼部位予以标注，便于识别。标注内容载明构件名称、具体部位等，由厂家负责运输、按时运到项目指定位置待安装。装配式建筑构件运输如图 8-2-8 所示。

（a）叠合板运输　　（b）楼梯运输　　（c）预制墙体运输

图 8-2-8　装配式建筑构件运输

3. 现场施工

为保证工程安装进度和施工质量，减少构件进场等待时间和仓储成本，项目管理人员及 BIM 团队对经过多次吊装模拟和虚拟施工，对构件的吊装流程控制进行优化，最终确定构件吊装流程实施图，如图 8-2-9 所示。其中：预制墙体的吊装环节和叠合板的安装环节是装配式建筑实施的关键环节，合理安排施工工序能够较好地降低仓储成本，提高工作效率。

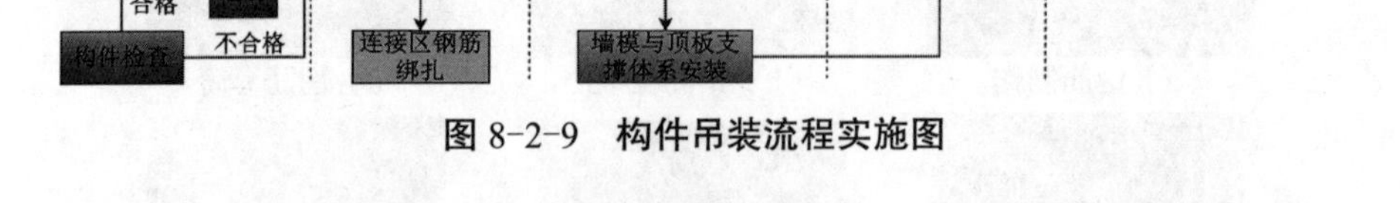

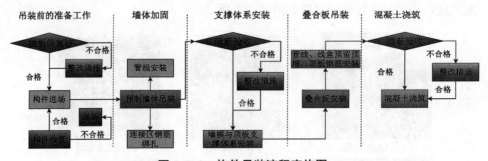

图 8-2-9　构件吊装流程实施图

具体实施步骤：放线定位⟶预制剪力墙吊装⟶底部套入预埋钢筋⟶固定（水平定位，垂直度由可以旋调的斜撑调节）⟶底部固定套管的灌浆⟶连接区钢筋绑扎⟶墙体模板支设及叠合板吊装⟶顶板布管及钢筋绑扎⟶顶板叠合层混凝土浇筑⟶上层楼梯安装。

竖向构件起吊准备、安装作业：先进行基层处理，做好定位线，再进行墙体吊装，而后进行斜撑定位。竖向构件吊装作业施工步骤如图 8-2-10 所示。

（a）基层处理

（b）预制剪力墙吊装

（c）预制剪力墙安装

图 8-2-10　竖向构件吊装作业施工步骤

预制剪力墙调整加固、叠合板吊装，如图 8-2-11 所示。

（a）预制剪力墙加固

（b）注浆加固

（c）叠合板吊装

图 8-2-11　预制剪力墙调整加固、叠合板吊装

顶板楼层施工及成活面，如图 8-2-12 所示。

（a）线管布设

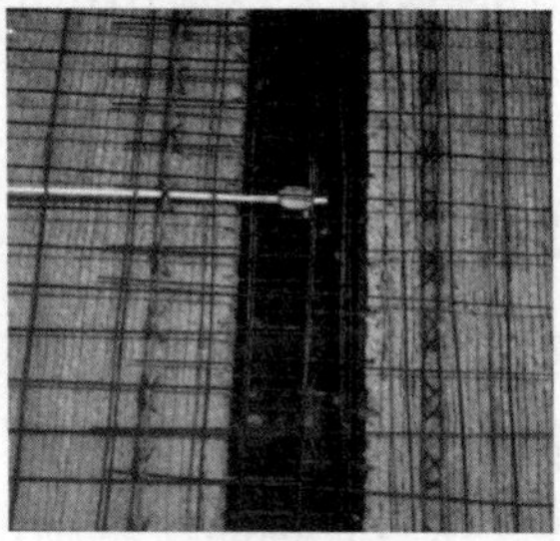

（b）钢筋绑扎

（c）成品效果

图 8-2-12　顶板楼层施工及成活面

预制楼梯起吊、安装，如图 8-2-13 所示。

（a）预制楼梯吊装　（b）楼梯调整　（c）安装完成

图 8-2-13　预制楼梯起吊、安装

装配式建筑关于混凝土浇筑的施工环节跟传统施工做法基本相同，首先对强度高的连接点（剪力墙、柱上部）进行混凝土浇筑，然后对主梁、楼板面层进行混凝土浇筑，从而将本层构件合成整体，构成受力体系。装配式建筑与传统施工做法稍有区别的地方是，在传统建筑中楼梯施工可跟随工作面直达建筑楼层，而在装配式建筑中由于装配式楼梯支撑点在工作面浇筑前不能完成，所以导致装配式建筑的楼梯和工作面之间相差一层。

第三节　BIM 技术应用

在 EPC 承包模式下，BIM 技术的应用能够有效增强项目协同管理能力，推动项目的智能化建设。良好的 BIM 团队组织架构、良好的设备配备和科学的应用流程是 BIM 技术良好实施的基础。结合工程实例，本节在对 BIM 技术的应用效果进行分析优化的基础上，提出了 BIM 实施的基本思路和重点内容。

一、BIM 团队组织架构

本项目采用 EPC 承包模式，由总承包单位组建 BIM 中心，在技术衔接上和信息反馈上更有利于提高组织效率。因此，根据现阶段装配式建筑的实施情况，结合本项目体量及特点，项目管理团队特别设计了 BIM 团队组织框架及任务分工图，具体如图 8-3-1 所示。

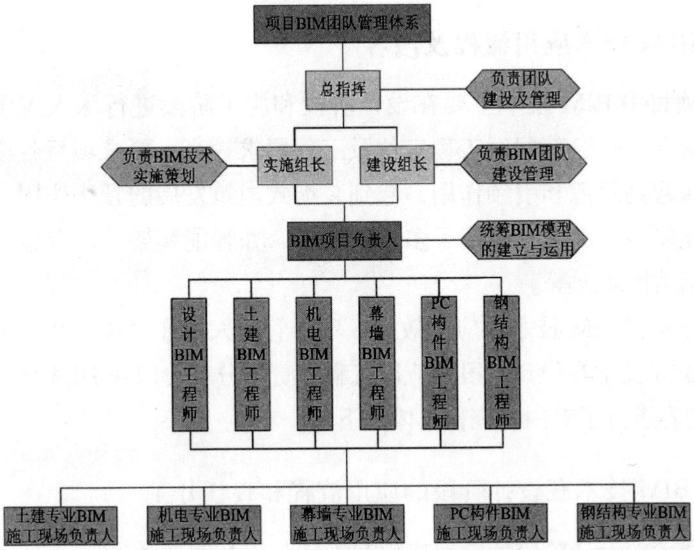

图 8-3-1　BIM 团队组织框架及任务分工图

二、BIM 应用硬软件配置

（一）硬件配置情况

台式机 8 台。主板型号：微星 MPG Z390 GAMING PLUS（MS-7B51）。处理器：英特尔 Core i7-9700K @ 3.60GHz 八核。硬盘：三星 SSD 970 EVO 500GB（固态硬盘）+4T 机械硬盘。内存：海盗船 DDR4 2400MHz 16GB × 2。主显卡：Nvidia GeForce GTX 1060 6GB。显示器：飞利浦 PHLC17B PHL 276E9Q × 2。另外配置主流笔记本 2 台，配置要求能够满足 BIM 软件运行及相关展示。

（二）软件配置情况

图纸处理软件：AutoCAD 2019，主要应用于图纸查看、处理、出图等。模型创建软件：Autodesk Revit 2020，主要应用在建筑、结构、机电等模型创建，且 Autodesk Revit 2020 支持分屏操作。模型检测软件：Navisworks 2020。主要应用于模型之间的碰撞检测、施工模拟、漫游等。模型算量软件：广联达（Glodon），主要用于项目钢筋、混凝土、模板等算量工作。模型渲染软件：LUMION 6.0，主要用于项目场景布设，项目设计效果展示等。动画处理软件：Fuzor 2018。主要用于漫游、净高分析、动画制作和模型查看等。钢结构建模软件：Tekla 2020，主要用于钢结构模型的创建和深化等。

三、BIM 技术应用流程及内容

在本项目中 BIM 技术主要在设计阶段和施工阶段进行深入应用，项目特点主要体现在：政府部门对工程定位及工程要求较高，要求项目各项管理在本市乃至本省起到示范和引领作用，起到装配式建筑发展的领头作用，推动建筑工程产业化发展。本项目采用了多项新技术，如智能爬架、铝合金模板、整体式卫浴、钢结构装配等。

为充分实项 BIM 技术的应用效果，项目管理人员在对项目特点进行分析的基础上对 BIM 技术在设计阶段的应用流程和责任分工，以及 BIM 技术在施工阶段的应用内容进行了专门研究，具体如下。

（一）BIM 技术在设计阶段的应用流程和责任分工

BIM 技术在设计阶段的应用流程和责任分工如图 8-3-2 所示。

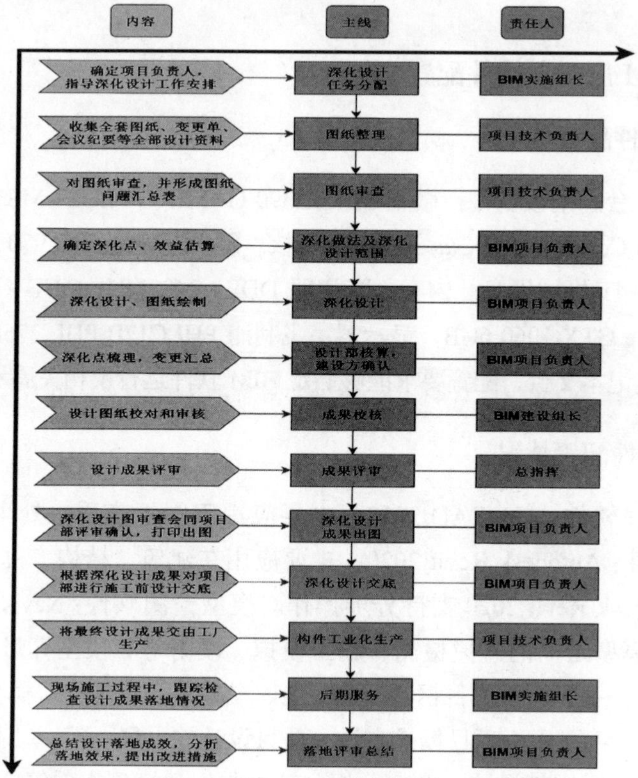

图 8-3-2　BIM 技术在设计阶段的应用流程和责任分工

基于 BIM 的技术深化设计需要企业层面的体系化支撑。应用 BIM 技术进行设计成果的深化，离不开管理与技术的结合，项目的 BIM 深化设计应考虑多方面内容，具体的实施路径也有很多种。在 BIM 技术实施过程，应结合项目特点进行项目实施策划，从而做出最适合本企业本项目的设计流程，以提升企业效率和项目生产水平。

（二）BIM 技术在施工阶段的应用内容

在项目实施阶段，不同项目对 BIM 技术的应用深度也有所不同。结合本项目特点，项目管理团队将 BIM 的应用点划分为普及应用、专项深化、方案深化和管理应用四个主要方面，并对每个方面的应用点进行了具体细化说明，具体如下。

第一，普及应用的主要内容是三维场布，主要应用点包括基础、主体、装饰装修三个阶段及生活办公区模型与三维布置图；结合企业 CIS 标准，临时设施（大门、加工棚、堆场、防护、生活区等）要求构件完整，尺寸明确；大型机械（塔吊、施工电梯等）布置位置合理、明确；三维场布相关的成果文件资料，如临时设施材料清单统计、局部节点大样、样板做法等提供完整。

第二，专项深化的主要内容是建模图审、管综深化、模板深化、钢筋深化和 PC 深化等。建模图审的主要应用点包括构建建筑、结构、机电三个专业的 BIM 模型，模型精细度满足下一步各专业深化细化的要求，包含各构件属性和几何信息；软件自动识别的图纸碰撞问题汇总文件、净高检查文件；通过 BIM 建模检查出本工程图纸问题的汇总，分专业罗列，格式统一。管综深化的主要应用点包括：在不改变原设计系统的前提下对机电各专业管线进行标高及路由优化，必须包含工程整个地下室部分；解决管线间碰撞问题，形成管线优化建议，辅助净高分析；预留孔洞定位布置图，孔洞边需注明其用途、规格、材质等，必须包含工程整个地下室部分。模板深化的主要应用点包括：每个构件的模板排布及编号图；竖向构件螺杆洞的排布；模板拆分后板件在整板上的组拼（降低板的损耗率）；模板安装的组拼规则，细部节点的组拼规则示意图；模板拆分、组拼、集中加工、编号、安装等过程的基本原则、方法、注意事项的指导文件。钢筋深化的主要应用点包括：通过模型生成钢筋翻样详图、下料清单及材料消耗统计；钢筋实现数字化加工的数据文件；各节点钢筋排布顺序、施工顺序、锚固形式等示意图；钢筋翻样基本规则、注意事项、方法、排布方式等的指导文件。PC 深化的主要应用点包括：拆分构件详图，现浇与预制构件，预制与预制构件连接节点图；固定点位、预留洞口、特殊钢筋排布、预留预埋等设计；拆分的原则、方法、注意事项等指导文件。

第三，方案深化的主要内容是爬架方案深化、模板支撑方案深化和吊装方案深化。爬架方案深化的主要应用点包括：悬挑落地架架体设计，悬挑主梁排布、材料用量的统计，细部节点大样展示（阳角、硬隔离、钢丝绳拉结、锚固等）；爬架全景图，机位布置图，爬架高度、非标支座等信息标注，爬升与使用工况、支座加固、塔吊附着等节点大样图；可视化、交互性强的交底材料。模板支撑方案深化的主要应用点包括：支撑架体排布和主要材料用量统计；可视化、交互性强的交底材料；模拟施工，支撑体系、主要节点的三维展示。吊装方案的主要应用点包括：吊装次序、加固方式、连接方式等的动画或三维展示；细部节点做法的大样展示（如后浇带、暗柱等）；局部工艺工法的展示；安装过程的临时防护设施展示。

第四，管理应用的主要内容是安全管理、质量管理、进度管理和成本管理。安全管理的主要应用点包括：基于 BIM 平台软件或专业应用软件进行安全管理工作；识别建造过程中各阶段存在的危险源并在模型中予以表现，划分施工现场危险区域等级；检查大型机械作业范围和作业时间上有无冲突；在模型中录入安全检查标准及现场检查情况。质量管理的主要应用点包括：基于 BIM 平台软件或专业应用软件进行质量管理工作；在模型中录入质量标准和现场检查情况；制作基于模型的构造节点大样或质量交底资料。进度管理的主要应用点包括：制作详细合理的施工进度计划，面向整个工程；进度的动画演示与进度计划一致；模型中录入实际进度信息，能够与计划工期分析对比，在资源配置过程中提供数据支撑。成本管理的主要应用点包括：至少对某个分项进行 Revit 模型算量工作（除混凝土外），导出的明细表与常规计量软件结果相比具备一定的准确性；至少针对某个专业在扣减规则、参数设计、命名方式等方面开展研究，以便与现行计价算量规范一致；总结基于 BIM 算量软件与规范标准不一致的问题及其解决方法，总结实现基于 BIM 计价的技术方法；根据项目成本管理应用落地的实践经验，梳理与现有建模标准相配合的计量、扣减规则，形成准确度更高的专属计量规则库。

BIM 技术在项目中的应用效果体现在：利用 BIM 技术能够明显提高项目实施过程中相关技术质量、安全、进度问题的解决；利用 BIM 技术可以对项目重点环节、节点进行清晰的动画演示，对施工过程中遇到的难题或具有实际指导意义的施工工艺和施工方法进行直观的操作指导。

四、BIM 技术应用动态管理

BIM 技术实施的关键环节就是实现信息在各个软件之间的无缝连接。基于此，结合公司组织管理模式和项目特点，项目管理团队专门设计了基于 BIM 技术的项目实施动态管理流程，如图 8-3-3 所示。

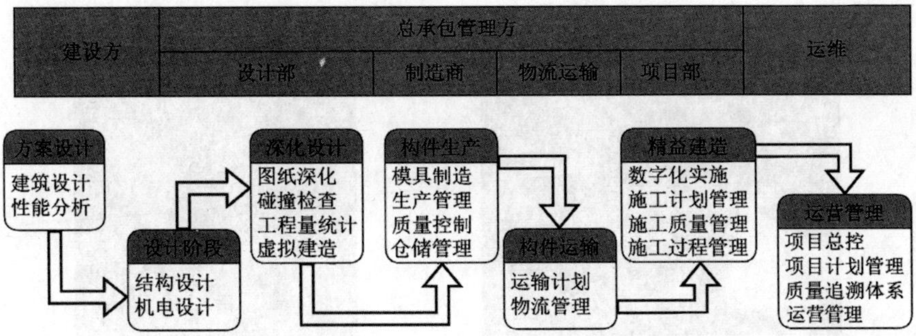

图 8-3-3 基于 BIM 技术的项目实施动态管理流程

在设计阶段，设计人员通过 BIM 技术对设计成果进行优化，通过碰撞检测、漫游检查等方式，提前解决设计问题，提高设计成果质量。设计人员通过基于 BIM 技术的真实三维协同深化设计，突破了传统点对点设计方式，构建出了一种利用 BIM 模型进行集中共享的多专业融合设计方式，有效提高了设计的成熟度及设计质量，如图 8-3-4 所示。

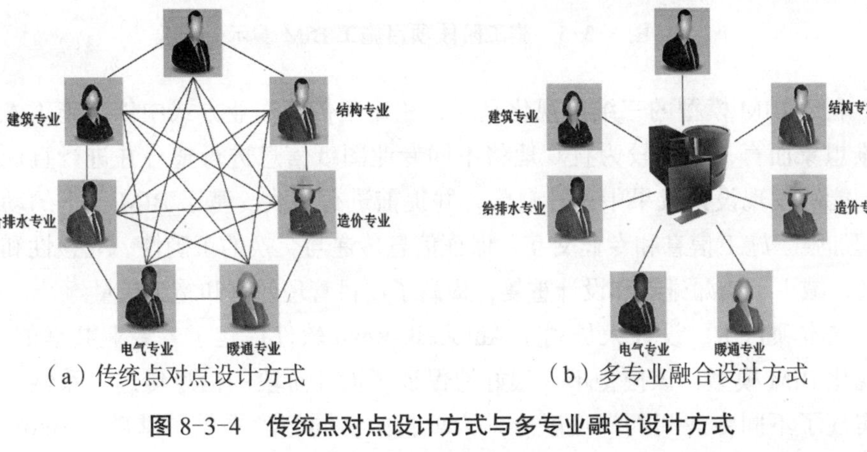

（a）传统点对点设计方式 （b）多专业融合设计方式

图 8-3-4 传统点对点设计方式与多专业融合设计方式

在施工阶段，作业人员利用 BIM 模型的全流程虚拟建造功能，完成施工碰撞检查，可以在实际施工中减少拆改，把控整个项目的工程量及施工进度，以此来实现提升工程质量、节省成本的目标。以装配式剪力墙构件 L 型及 T 型连接点为例，利用 BIM 技术将施工过程进行展示，有助于施工人员正确操作，有利于提高施工过程管理效率和质量管理水平。施工阶段项目施工 BIM 演示如图 8-3-5 所示。

（a）装配式建筑 BIM 演示预制剪力墙 L 型连接点施工过程

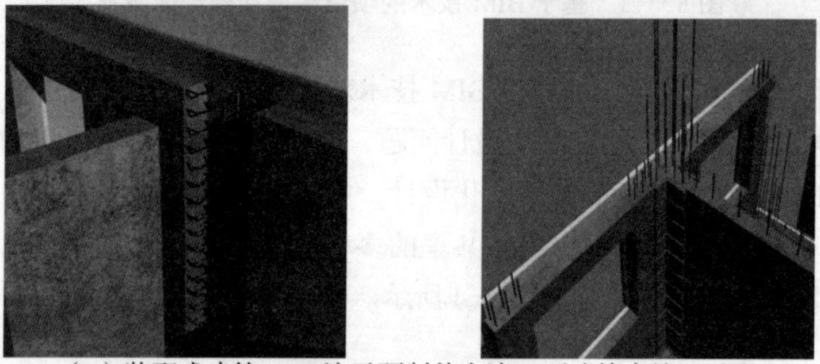

（b）装配式建筑 BIM 演示预制剪力墙 T 型连接点施工过程

图 8-3-5　施工阶段项目施工 BIM 演示

利用 BIM 模型的三维可视化呈现，相比于传统作业方式中依靠施工人员三维想象而言，能够较为直观地将不同专业图纸信息进行整合并进行直观展示，能够发现设计成果中设计缺陷，并提前进行解决。基于 BIM 技术的动态管理加强了施工信息和专业交互，保证信息传递与交换的正确性、完整性和及时性，减少了错漏碰缺和设计重复，提高了项目管理效率和施工质量。

在本项目中，设计人员利用 Autodesk Revit 软件搭建了各专业共享的 3D 可视化 BIM 模型，该模型不仅很好地保证了设计阶段的信息传递一致性，而且实现了不同专业间的深度融合，为项目的协同管理提供了基础。Autodesk

Revit 软件提供了分析检测及剖切轴测功能，为项目深化设计和校审人员查检缺漏与专业间的冲突提供了便利，保证了工作效率与质量。在项目实施阶段，施工人员通过构建 BIM 模型，完整保存了各专业土建、设备构件及彼此组合构建的数字化信息，为项目的建筑分析和施工指导提供了技术支持，提高了项目设计方案和施工方案的可实施性和便利性。

第四节　具体项目落实

一、工程概况

本节以 11-4# 住宅楼为例，具体说明 BIM 技术在工程中的应用情况。11-4# 楼单体工程总建筑面积为 11917.48 m^2，其中地上建筑面积为 11060.65 m^2，地下建筑面积为 856.83 m^2。建筑总高度为 74.150 m，其中地上 25 层，地下 2 层，1 ～ 25 层实施装配式建筑，标准层为 3 ～ 25 层，层高 2.9 m。地上部分为装配式建筑。11-4# 楼主体结构采用的预制构件类型有预制楼板、预制楼梯、预制剪力墙等。其中预制楼板采用叠合板形式，设置楼层从一层顶板至二十五层顶板，预制楼梯从二层至屋顶均设置，预制剪力墙从六层以上设置。

地上部分外围护墙非砌筑部分采用装配式建筑蒸压加气混凝土板即 AAC 条板墙体，室内隔墙除剪力墙外采用挤出成型空芯水泥条板板材，内隔墙与管线、装修一体化设计。

11-4# 住宅楼地上部分采用全装修，装修范围包括：户内玄关、客餐厅、厨房、阳台、卧室、衣帽间、卫生间；公共区域首层门厅、电梯厅、合用前室，等等。装修主要材料：户内客厅、餐厅、地面采用地砖，卧室地面采用地砖，顶面采用乳胶漆（局部采用石膏板吊顶，墙面采用乳胶漆，厨房、卫生间地面采用防滑地砖；厨房与卫生间墙面采用瓷砖，顶面采用铝扣板吊顶；公共区域地面石材采用过门石与瓷砖，墙面首层采用墙砖，标准层采用乳胶漆，顶面采用白色乳胶漆（局部采用石膏板吊顶）。干式工法地暖采用 600 mm × 1200 mm 的预制挤塑聚苯地暖板，厚度为 50 mm，盘管间距分别为 200 mm 和 150 mm，用于户内的除卫生间以外的所有部位。设备采用管线分离技术。水专业：水表后给水支管敷设于垫层内；户内卫生间、阳台生活冷、热水管敷设于垫层内；除卫生间、阳台外生活冷、热水管均敷设于预制沟槽内，干式工法。卫生间、厨房、阳台接卫生器具的短立管均暗装敷设。消火栓立管、横管敷设于公共走道、楼梯间和管井内，消火栓管道明装。卫生间、厨房、阳台排水支管、排水立管、排水横干管均明装敷设。管井内的给排水管道及消火栓管道不在管线分离计算范围内。暖通专业管道分离的做法是在保温层上预制供暖水管沟槽，将供暖水管布置在沟槽内。暖通管线分离区域为客厅、餐厅、卧室、厨房区域。户外公共区域、户内卫生间及封闭阳台区采用普通湿式地板供暖做法。1-4$^{\#}$ 住宅楼项目单体装配率汇总表如表 8-4-1 所示。

表 8-4-1　11-4$^{\#}$ 住宅楼项目单体装配率汇总表

<table>
<tr><th colspan="3">评价项</th><th>评价要求</th><th colspan="2">评价分值</th><th>最低分值</th><th>本楼得分</th></tr>
<tr><td rowspan="5">主体结构（50分）</td><td rowspan="4">柱、支撑、承重墙、延性墙板等竖向构件</td><td>预制竖向构件</td><td>35%≤比例≤80%</td><td>20～30</td><td rowspan="4">30</td><td rowspan="5">20</td><td rowspan="5">30</td></tr>
<tr><td>预制组合部件</td><td>50%≤比例≤80%</td><td>10～20</td></tr>
<tr><td>组合成型钢筋制品</td><td>50%≤比例≤80%</td><td>3～6</td></tr>
<tr><td>高精度免拆模板</td><td>50%≤比例≤80%</td><td>1～4</td></tr>
<tr><td colspan="2">梁、板、楼梯、阳台、空调板等构件</td><td>70%≤比例≤80%</td><td colspan="2">10～20</td></tr>
<tr><td rowspan="5">围护墙和内隔墙（20分）</td><td colspan="2">非承重围护墙非砌筑</td><td>比例≥80%</td><td colspan="2">5</td><td rowspan="5">10</td><td>5</td></tr>
<tr><td rowspan="2">围护墙一体化技术</td><td>围护墙与保温、隔热一体化</td><td>50%≤比例≤80%</td><td>1～3</td><td rowspan="2">5</td><td>—</td></tr>
<tr><td>围护墙与保温、隔热、装饰一体化</td><td>50%≤比例≤80%</td><td>2～5</td><td>—</td></tr>
<tr><td colspan="2">内隔墙非砌筑</td><td>比例≥50%</td><td colspan="2">5</td><td>5</td></tr>
<tr><td colspan="2">内隔墙与管线、装修一体化</td><td>50%≤比例≤80%</td><td colspan="2">2～5</td><td>—</td></tr>
<tr><td rowspan="7">装修和设备管线（30分）</td><td colspan="2">全装修</td><td>—</td><td colspan="2">6</td><td>6</td><td>6</td></tr>
<tr><td colspan="2">干式工法的楼面、地面</td><td>比例≥70%</td><td colspan="2">6</td><td rowspan="6">—</td><td>6</td></tr>
<tr><td colspan="2">集成厨房</td><td>70%≤比例≤90%</td><td colspan="2">3～6</td><td>—</td></tr>
<tr><td colspan="2">集成卫生间</td><td>70%≤比例≤90%</td><td colspan="2">3～6</td><td>—</td></tr>
<tr><td rowspan="3">管线分离</td><td>给（排）水管线</td><td>60%≤比例≤80%</td><td colspan="2">1～2</td><td>1.58</td></tr>
<tr><td>供暖通风管线</td><td>70%≤比例≤90%</td><td colspan="2">1～2</td><td>2</td></tr>
<tr><td>电气管线</td><td>30%≤比例≤50%</td><td colspan="2">1～2</td><td>—</td></tr>
</table>

续表

评价项		评价要求	评价分值	最低分值	本楼得分
加分项（3分）	预制构件标准化	重复使用率≥60%	3	—	—
装配率（%）			55.58		

二、BIM 应用流程

BIM 深化设计管理流程及 BIM 施工应用模式分别如图 8-4-1、图 8-4-2 所示。

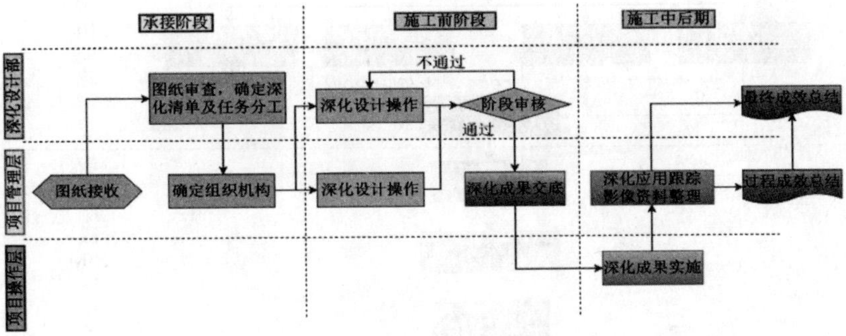

图 8-4-1　BIM 深化设计管理流程

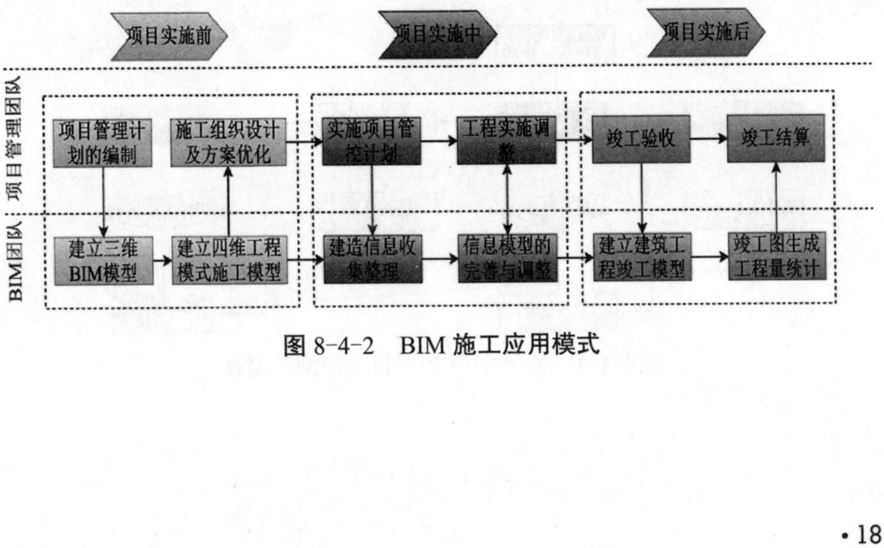

图 8-4-2　BIM 施工应用模式

BIM 的主要应用流程和任务分工如图 8-4-3 所示，基于 BIM 的项目虚拟施工流程如图 8-4-4 所示。

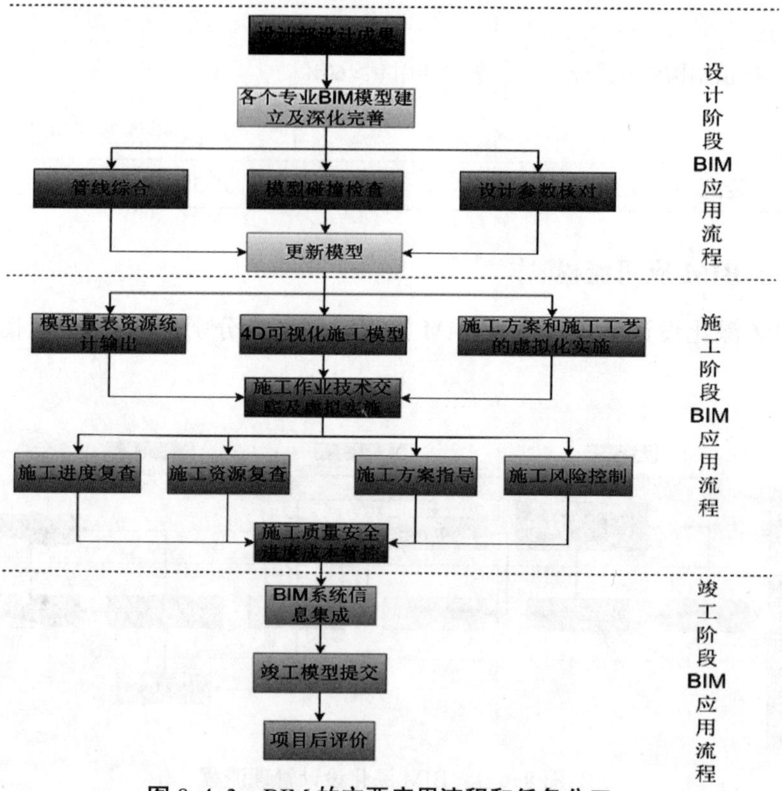

图 8-4-3　BIM 的主要应用流程和任务分工

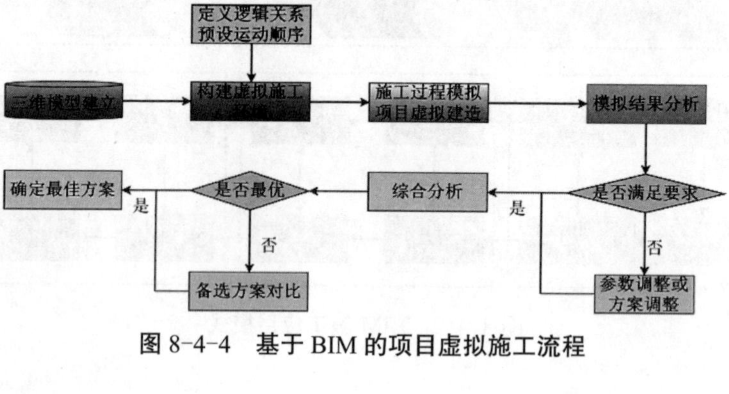

图 8-4-4　基于 BIM 的项目虚拟施工流程

在项目实施前期，BIM 工程师对该项目进行模型构建，深度等级为 LOD300，工程的主要部分必须在几何模型上表述准确，能够反映建筑构件的实际外形，保证不会在施工模拟和碰撞检查中产生错误判断，构件应包括几何尺寸、材质、产品信息，模型所包含的信息量与施工图设计完成时二维图纸上所包括的信息量保持一致。

对于装配式建筑而言，管线综合施工对工程质量及进度影响较大，这是因为部分预埋线管线盒在构件预制过程中进行定位预埋，位置的不合理和质量的不可靠因素将对项目后期实施产生较大影响，因此在项目前期为解决管线综合施工中出现的问题对各专业 BIM 建模提出了以下要求。

①建筑专业建模要求：楼梯间、电梯间、管井、楼梯、配电间、空调机房、泵房、换热站管廊尺寸、天花板高度等定位应准确。

②结构专业建模要求：梁、板、柱的截面尺寸和定位尺寸应与图纸一致；管廊内梁底标高需要与设计要求一致，当遇到管线穿梁需要设计方给出详细的配筋图时，应利用 BIM 做出管线穿梁的节点。

③水专业建模要求：各系统的命名应与图纸保持一致；一些需要增加坡度的水管应按图纸要求建出坡度；系统中的各类阀门应按图纸中的位置加入；有保温层的管线，应建出保温层。

④暖通专业建模要求：各系统的命名须与图纸一致；影响管线综合的一些设备、末端应按图纸要求建出，如风机盘管、风口等；暖通水系统建模要求同水专业建模要求一致；有保温层的管线，应建出保温层。

⑤电气专业：各系统名称应与图纸一致。

管线综合施工过程中的注意事项包括以下几个方面：

①明确吊顶空间内各位置梁底标高及其顶高度；

②检查各专业是否有缺少模型的情况，了解各管廊复杂位置；

③按设计要求定出风管底标高、水管中心标高；

④按各专业要求分出各自在吊顶空间内的位置。一般施工情况从上至下为暖通专业、电气专业、水专业；

⑤当模型中图纸的路由需要发生改变时，请与设计方进行协调。当暖通风专业遇到空间特别紧凑的管廊，但又要保证吊顶高度的情况，需要改变截面尺寸时，应与设计师进行协调。

三、具体应用点

以 1-4# 住宅楼为例，BIM 技术在本工程中的具体应用点如下：

①利用 BIM 模型的三维可视化，通过建立 BIM 模型进行碰撞检测实现将设计成果中不易察觉的问题提前予以解决，帮助项目管理人员更好地进行项目的实施工作。

在本工程中，建筑、结构和设备各专业碰撞主要体现在以下方面：

第一，桥架与风管的碰撞。结合地下一层战时动力干线图和通风平面图，通过建立 BIM 模型对碰撞进行直观显示，提前发现碰撞问题，减少返工。碰撞点如图 8-4-5 所示。

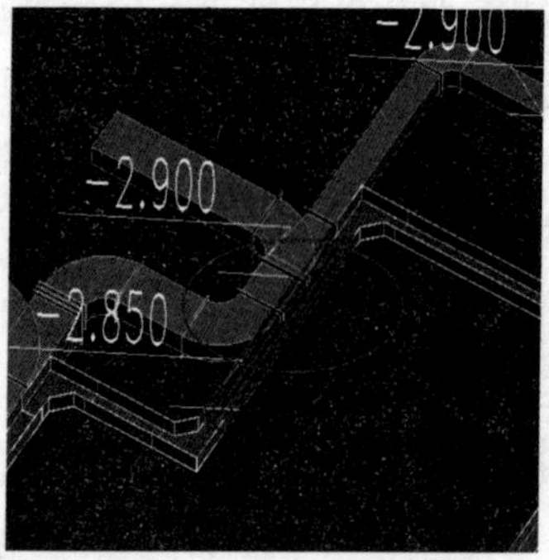

图 8-4-5　桥架与风管的碰撞

第二，各类管线之间的碰撞。结合给排水设计图，通过建立 BIM 模型直观显示管线交叉与碰撞信息，如平直段长度不足、污水管与消防管的碰撞等。本工程中部分管线的碰撞点如图 8-4-6 所示。

（a）模型管线信息　（b）模型污水管信息　（c）模型消防管信息

图 8-4-6　管线之间的碰撞

第三，建筑与结构的碰撞。结合建筑设计图和结构设计图，通过建立 BIM 模型，将建筑模型和结构模型进行碰撞检测展示碰撞点。本工程中部分门与梁的碰撞、窗与梁的碰撞如图 8-4-7 所示。

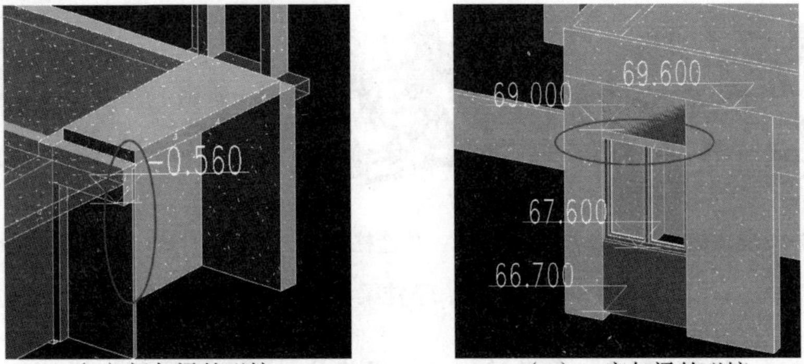

（a）门与梁的碰撞　　（b）　窗与梁的碰撞

图 8-4-7　建筑与结构的碰撞

第四，设计成果本身的缺陷。通过建立 BIM 模型，核查建筑构件标注之间的错误如注释错误、标注错误、建筑结构墙体长度不一致等。本工程楼梯梁按照平面图结合剖面图所表达的信息建立 BIM 模型，直观显示了楼梯平台标高的错误。某设计成果自身缺陷如图 8-4-8 所示。

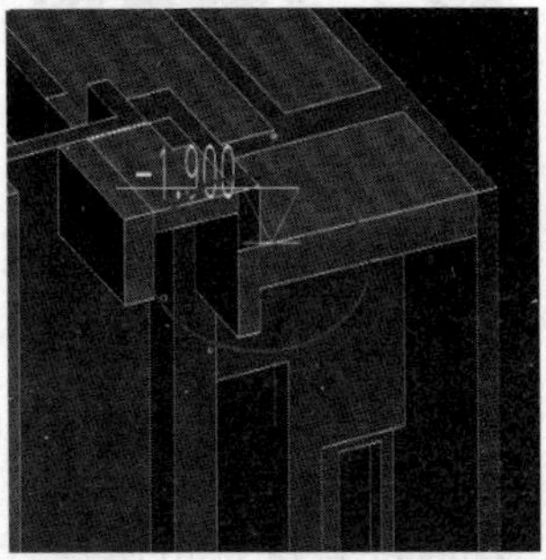

图 8-4-8　某设计成果自身缺陷

②结合 BIM 模型分别对二次结构、铝模、管综等进行优化和排布，为加快工程进度，减少后续工作量，降低成本和提高质量方面做出保障。

第一，反坎、下挂梁与构造柱的优化。本工程一次结构包含叠合板、预制墙体、预制楼梯、预制空调板等 PC 构件，基于 BIM 建立 PC 现浇结构的模型拆分，优化一次结构和二次结构两者的衔接部位，通过建立 BIM 模型将部分二次结构需要实施的部位进行图纸优化设计，在一次结构实施过程中同步施工，减少后续施工工作量，节约工期降低成本，如图 8-4-9 所示。

（a）反坎优化　　（b）　构造柱优化　　（c）　下挂梁优化

图 8-4-9　反坎、下挂梁与构造柱的优化

第二，模板的深化。在前述设计成果优化的基础上进行铝模深化，将反坎、下挂梁与构造柱等模板一次配模完成，能够减少后续工作。结合铝模试拼相关数据及优化后的 BIM 模型，进行铝模的模拟拼装工作，铝模模拟拼装效果图如图 8-4-10 所示。

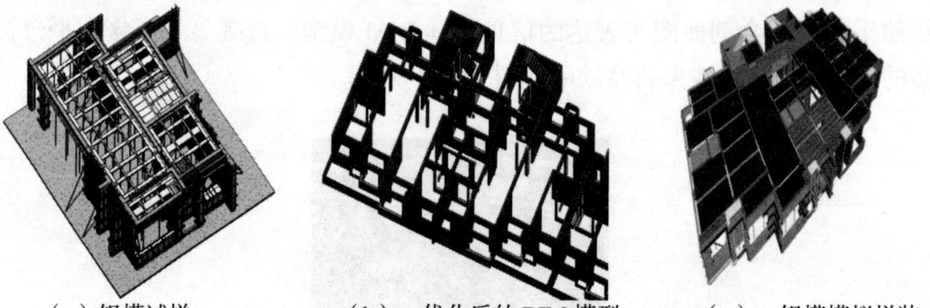

（a）铝模试拼　　（b）　优化后的 BIM 模型　　（c）　铝模模拟拼装

图 8-4-10　铝模模拟拼装效果图

第三，管线综合深化。管线综合深化可实现管线碰撞、优化、预留预埋定位优化，并可生成材料清单。结合 BIM 建模工具建立管线综合模型，解决二维图纸中各专业的管线交叉问题，调整管线碰撞，进行合理避让，在施工前尽可能发现管线设计问题，实现设计成果的最优输出。管线综合深化过程如图 8-4-11 所示。

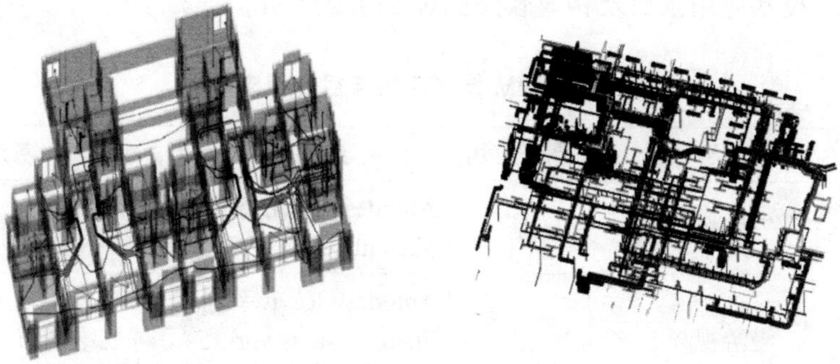

（a）管线建模　　　　　　　　　　（b）　综合分析

图 8-4-11　管线综合深化过程

另外，管线综合深化需要遵循以下避让原则：大管优先，小管让大管；有压管让无压管；低压管让高压管；常温管让高温、低温管；可弯管线让不可弯管线、分支管线让主干管线；附件少的管线让附件多的管线，安装、维修空间≥500mm；电气管线避热避水，在热水管线、蒸汽管线上方及水管的垂直下方不宜布置电气线路。当各专业管道不存在大面积重叠时（如汽车库等）：水管和桥架布置在上层，风管布置在下层；如果同时有重力水管道，则风管布置在最上层，水管和桥架布置在下层。当各专业管道存在大面积重叠时（如走道、核心筒等），由上到下各专业管线布置顺序为：不需要开设风口的通风管道、需要开设风口的通风管道→桥架→水管。

四、应用效益

在本工程中，BIM 技术主要应用在场地布置优化、管线综合优化、专业碰撞检查、施工场地模拟、图纸深化设计、施工方案模拟、施工过程模拟等方面，具体如下：

①三维场布：运用 Autodesk Revit、广联达 BIM、SketchUp 等软件针对工程特点进行动态性与科学性的布置，以便后续施工工作的进行。

②漫游视频：填写项目运用的漫游，如场布漫游、地下管综漫游等。

③建模图审：建立结构、建筑、安装模型。

④方案模拟：如支模架建模、二次结构建模等。

⑤施工模拟：根据进度计划，建立单体或整个项目的施工模拟。

⑥碰撞检查：根据结构、安装模型，进行碰撞检查，并出具碰撞报告。

BIM 技术应用条目及相应软件如表 8-4-2 所示。

8-4-2　BIM 技术应用条目及相应软件

序号	名称	是否应用	运用软件	备注
1	三维场布	是	Autodesk Revit 系列、SketchUp	
2	漫游视频	是	Autodesk Revit 系列、Fuzor、Navisworks、Lumion	三维场布、漫游
3	建模图审	是	Autodesk Revit 系列	结构、建筑、安装
6	方案模拟	是	Autodesk Revit 系列	脚手架、超限梁板、二次结构排砖
7	施工模拟	是	Autodesk Revit 系列	单体
8	管综（地下或地上）	是	Autodesk Revit 系列	地下管综
9	碰撞检查	是	Autodesk Revit 系列、Navisworks	

与传统的作业方式相比，本工程有以下优势：

①生产效率方面。传统作业模式：现场工序多，生产效率低，人力成本投入大，5 ～ 7 天一层楼，进度的快慢主要依赖于劳动力的配备，受人力因素制约较强。本工程作业模式：现场装配，生产效率高，减少了人力成本，5 ～ 6 天一层楼，人工减少 50% 以上，有效减少了施工进度受人力制约的影响。

②工程质量方面。传统作业模式：误差控制一般在厘米级，空间尺寸变形较大，部品安装难以实现标准化，基层质量差，施工质量受人为因素影响较大。本工程作业模式：建筑构件采用工厂预制方式，在施工现场进行装配而成，误差控制在毫米级，墙体无渗漏、无裂缝、平整度高，室内抹灰工程少，减少了后期墙面空鼓开裂等质量隐患，降低了成本。

③技术集成方面。传统作业模式：难以实现装修部品的标准化、精细化；难以实现设计、施工一体化、信息化。本工程作业模式：基于 BIM 技术实现了设计、生产、施工一体化、精细化，通过标准化、装配化形成集成技术，建立了智慧工地，提高了管理效率和生产效率。

④资源节约和环保方面。传统作业模式：水耗大、用电多、材料浪费严

重、产生的垃圾多，项目实施过程中需租用大量脚手架、支撑架，另外施工现场扬尘和噪声大、废水和垃圾多。本工程作业模式：通过与同体量工程相关指标进行对比分析得出结论，施工节水 60%、节材 20%、节能 20%、垃圾减少 80%、脚手架、支撑架减少 70%，施工现场基本无扬尘、废水、噪声。

在本工程中，BIM 技术的应用效益主要体现在以下方面：

①优化工程设计，降低工程造价，节约施工成本。在本工程中，BIM 技术的应用提高了装配式建筑的图纸设计质量，通过将主体结构构件和设备管线系统进行深化设计，有效减少了后续施工过程中的返工返修，很好地实现了项目前期策划，节约了成本。

② BIM 技术的应用，提高了项目各个参与方之间的高效协同能力，优化了资料管理，提升了项目过程管控水平，同时增强了项目管理人员对施工现场的管控力度，减少了安全质量隐患，使项目管理者和参与方能够更好地把控工期，实现精细化管理。

③本工程采用的是 EPC 承包模式，在工程设计与施工全过程应用 BIM 技术，参与方主要有建设方、承建方、钢结构公司、构件制造商及幕墙公司等，培养了 BIM 技术人员 30 余人，为 BIM 技术在后续项目中的应用提供了人才。

本章以建筑施工承包模式、构件生产流程、项目实施流程、项目组织架构、项目硬软件配置为主要板块，系统分析了 BIM 技术的应用流程，结合实例对 BIM 技术在装配式建筑中的应用展开了研究，为推动装配式建筑的实施及建筑工程产业化发展提供了思路。

参考文献

[1] 张雷，董文祥，哈小平. BIM 技术原理及应用［M］. 济南：山东科学技术出版社，2019.
[2] 钱存华，苗士花. 基于区间直觉模糊数的装配式建筑供应链弹性评价［J］. 建筑经济，2021，42（6）：43–47.
[3] 李乃旭，王浩玮，梅江钟. 基于云物元理论的装配式建筑供应链风险预警［J］. 土木工程与管理学报，2020，37（3）：123–129.
[4] 刘子琦，张云宁，欧阳红祥，等. 基于云物元理论的装配式建筑供应链可持续性评价［J］. 土木工程与管理学报，2020，37（3）：109–115.
[5] 孙亚琪，田源. 基于复杂网络理论的装配式建筑供应链关键风险研究［J］. 建筑经济，2020，41（11）：79–83.
[6] 刘平，李启明. BIM 在装配式建筑供应链信息流中的应用研究［J］. 施工技术，2017，46（12）：130–133.
[7] 瞿富强，颜伟，陈初一. 装配式建筑供应链协同绩效评价指标体系的构建研究［J］. 建筑经济，2019，40（10）：97–102.
[8] 王凯，徐瑞良. 标准化视阈下装配式建筑绿色供应链运作逻辑研究［J］. 建筑经济，2020，41（8）：86–92.
[9] 黄桂林，张闯，魏修路. 装配式建筑绿色供应链模型研究［J］. 建筑经济，2019，40（7）：48–52.
[10] 周建晶. 基于 BIM 的装配式建筑精益建造研究［J］. 建筑经济，2021，42（3）：41–46.
[11] 彭金睿，俞海宏，谢旦岚，等. 装配式建筑生产的仿真优化研究［J］. 计算机应用与软件，2021，38（3）：70–74.
[12] 陆莹，龚培镇. 基于 BIM 的装配式建筑斜支撑可装配性设计［J］. 土木工程与管理学报，2021，38（2）：53–58.

[13] 李飞. 装配式建筑计价体系建设与对策研究 [J]. 建筑经济，2021，42 (2)：23-25.
[14] 陈丽，张图. 装配式建筑满足装配率要求的设计和研究 [J]. 建筑技术，2021，52 (1)：10-14.
[15] 张永成，何家辉，罗丽姿. 基于计量统计的装配式建筑管理与技术发展特征研究 [J]. 科技管理研究，2021，41 (9)：89-95.
[16] 尚伟方. 基于BIM技术的装配式建筑结构设计与探究 [J]. 施工技术，2021，50 (6)：84-86.
[17] 李沙沙，蒋玉飞，康英. 装配式建筑构件连接结构受力特性数值模拟 [J]. 计算机仿真，2021，38 (1)：198-202.
[18] 周鹏，赵亚军，李木. 装配式建筑结构构件配套模具设计组装技术 [J]. 施工技术，2021，50 (4)：27-29.
[19] 张书鸣，霍晓燕，李玮. 装配式建筑垃圾全寿命期管理系统研究 [J]. 建筑经济，2021，42 (8)：72-76.
[20] 许立强，付明琴，王程程. 装配式建筑安全管理中BIM技术的应用研究 [J]. 建筑经济，2021，42 (4)：53-56.
[21] 罗志宏，孙常海. 装配式建筑板构件新型存储架研究及应用 [J]. 中国港湾建设，2021，41 (6)：31-34.
[22] 韩同银，杜命刚，尚艳亮，等. 产业化趋势下装配式建筑发展策略研究 [J]. 铁道工程学报，2020，37 (7)：106-112.
[23] 许志权. 装配式建筑全产业链成本管理研究 [J]. 建筑经济，2021，42 (2)：81-85.
[24] 李欣函，尤完. 我国装配式建筑产业发展水平研究 [J]. 建筑经济，2021，42 (8)：62-66.
[25] 韩言虎，杨澔宇. 装配式建筑推广障碍与解决策略研究 [J]. 建筑经济，2021，42 (7)：15-18.